ÉSTE ES
EL DÍA

ÉSTE ES EL DÍA

*Sabiduría para lograr el éxito
en cada situación*

JIM STOVALL

EDITORIAL

Éste es el día
© 2011 Jim Stovall

Publicado por Editorial Patmos
Weston, FL EE.UU.
patmos@editorialpatmos.com

Publicado originalmente en inglés por David C. Cook
© 2007 Jim Stovall

Traducido por Wendy Bello
Diseño de capa: BMB Design, Inc.
Adaptación de diseño gráfico por Suzane Barboza

Categoría: Motivación / Liderazgo
ISBN: 978-1-58802-622-4

Dedicatoria

Este libro está dedicado a dos personas que han hecho posible mi deseo de llegar a ser un columnista. Primero, a Ralph Schaefer, editor de la revista Business Journal, quien me animó a escribir un artículo y luego me dijo que lo hiciera cada semana y así sería un columnista. Y por último, pero no por eso menos importante, este libro también está dedicado a mi amiga y colega Dorothy Thompson, sin ella ninguno de mis lectores sabría quién soy.

C omo alguien que es ciego, vivo en un mundo diferente al de aquellos que están leyendo las palabras de esta página; sin embargo, eso no significa que yo no "vea." Hace varios años reconocí un ritual universal que practican la mayoría de las personas videntes: leer el periódico. La mayoría de las personas ocupadas encuentran unos instantes en su agitado día para recorrer con la vista una o más secciones de una publicación local, regional o nacional.

Pero la mayoría de los periódicos están llenos de titulares horrorosos, información financiera que asusta y obituarios obligatorios. ¿Qué sucedería si este ritual cotidiano incluyera una pequeña dosis de bondad? Hace varios años yo comencé a escribir habitualmente una columna que se publicaba en varios diarios titulada "Sabiduría de los ganadores" para brindar un poco de aire fresco a esos pocos instantes que la mayoría de las personas comparten.

El mundo en que vivimos está lleno de todo tipo de personas, pero al final de la jornada todo el mundo encaja en una de dos categorías cuando se trata de medir el éxito: ganadores o perdedores. Yo quiero ser un ganador. Y creo que usted también. Así que, de de las columnas "Sabiduría de los ganadores" que he escrito, he compilado noventa y las puse en este libro *Éste es el día*.

Cada anotación es breve, sólo intento añadir un poco de aire puro al día, pero porque sea breve no significa que es superficial. Espero que lea estas reflexiones como invitaciones para ver y hacer, una invitación a "ver" la sabiduría que yo he visto y a ponerla en práctica en su propia vida, ¡y convertirse en un ganador!

¡Éste es el día!

L a mayoría de nosotros trabaja arduamente. Nos levantamos cada día y pasamos ocho horas o más haciendo algo a lo que llamamos trabajo. Si conversa con las personas más exitosas y con las menos exitosas que pueda encontrar, probablemente le dirán que trabajan muy duro. Si eso es así, ¿por qué hay tantas personas que realmente obtienen los resultados que quieren de su arduo trabajo?

Es muy sencillo, confunden actividad con productividad. Sólo porque uno esté haciendo algo no significa que esté logrando algo. Todos hemos visto hámsteres corriendo por la pequeña rueda que tienen en su caja. Crean una tremenda actividad pero ninguna productividad.

Hace poco serví como consultor a una organización de ventas. Estos vendedores trabajan sólo por comisión, así que la única cosa productiva que realmente hacen es hablar a personas nuevas acerca de sus productos y servicios. Antes de nuestra sesión de capacitación, el vendedor promedio me dijo que trabajaban mucho cada día, de ocho a diez horas cada día. Una vez que aprendieron que su única tarea productiva era hablar con personas nuevas acerca de sus productos o servicios, realizamos un experimento sencillo. A cada vendedor se le entregó un cronómetro y se le instruyó que

> Sólo porque uno esté haciendo algo no significa que esté logrando algo.

lo dejaran en su bolsillo y lo echaran a andar sólo cuando estuvieran hablando con un nuevo prospecto, ya fuera por teléfono o en persona. Descubrimos que los que ganan más salario en realidad sólo eran productivos tres horas al día. Los productores promedio y por debajo de la media eran mucho menos productivos.

Si usted quiere tener más éxito, ganar más o alcanzar más pronto sus metas, sencillamente separe la actividad de la productividad y dedique al menos la mitad de su día de trabajo a la productividad. La diferencia le dejará asombrado. Su destino le aguarda.

¡Éste es el día!

C uando yo tenía ocho años, durante uno de mis recorridos por el bosque, capturé una tortuga mordedora bastante grande. Enseguida la traje para la casa de mis abuelos, busqué una caja adecuada y la convertí oficialmente en mi mascota. Ya que yo estaba particularmente tranquilo, mi abuelo salió al portal de la parte trasera para determinar en qué travesura yo andaba. Le enseñé mi trofeo, la tortuga, y le expliqué que esa ahora era mi mascota.

Mi abuelo sacó un lápiz del bolsillo de su camisa y pinchó a la tortuga por debajo de su caparazón hasta que sacó la cabeza y enseguida se comió la punta del lápiz de una sola mordida. Entonces mi abuelo se volvió hacia mí y me hizo una pregunta que recuerdo hasta este día. Él me preguntó: "Ahora que ya sabes lo que puede hacer una tortuga, si metes el dedo ahí y ella te lo arranca, ¿es culpa tuya o de ella?"

Para un niño de ocho años era muy sencillo. Yo sabía que si dejaba que mi tortuga me mordiera el dedo, sería culpa mía. Me complace mucho decirle que hasta el momento en que escribo esto, todavía tengo mis diez dedos.

> Fallamos porque no hacemos lo que sabemos hacer.

Muchos de nosotros, adultos, olvidamos la sabiduría de la tortuga, y de vez en cuando nos muerden. No fallamos porque no sepamos qué hacer. Fallamos porque no hacemos lo que sabemos hacer. Sigmund Freud dijo que la locura se define como hacer lo mismo una y otra vez pero esperar continuamente obtener un resultado diferente. Si usted sigue metiendo los dedos en la boca de la tortuga, seguirá perdiendo dedos. Si quiere obtener un resultado diferente en la vida, actúe de manera diferente. Ahora mismo.

¡Éste es el día!

T odos tuvimos sueños maravillosos, metas y planes cuando éramos adolescentes o jóvenes adultos. Pero en algún momento la realidad llega y cada vez dejamos que nuestros sueños y metas se escondan más y más. De hecho embarcamos todos nuestros sueños y metas a un lugar mítico que yo denomino "la isla Algún Día".

"La isla Algún Día" es un lugar tipo postal donde el tiempo siempre es perfecto, y todo siempre es maravilloso, sólo que nunca sucede nada. Y ahora, cada vez que pensamos en esos sueños y metas ya muy olvidados nos decimos: "Algún día haré esto, algún día haré aquello", pero algún día nunca llega.

El general George Patton decía que un buen plan ejecutado violentamente ahora es mejor que un plan perfecto para la semana que viene. Esto se aplica a cada uno de nosotros en nuestro paso por la vida. Por favor, recuerde que el sueño más grande que haya tenido jamás en su vida todavía está vivo y en muy buenas condiciones. Regresará a usted de "la isla Algún Día" tan pronto como usted lo convierta en una prioridad de su presente.

El sueño más grande que haya tenido jamás en su vida todavía está vivo y en muy buenas condiciones.

Su destino es demasiado maravilloso como para seguir postergándolo. Haga el compromiso. Dé los pasos necesarios. Pague el precio.

¡Éste es el día!

E n nuestra sociedad veneramos a aquellos que son los mejores en lo que hacen. A menudo se escuchan consignas del tipo "¡Somos el número uno!" Usted nunca escuchará: "Somos el número dos" o "No somos muy buenos, pero somos mejores que el año pasado". Si queremos ser lo mejor en cualquier cosa que hagamos, tenemos que desglosar eso que hacemos en sus componentes individuales.

Equilibrio. Es el elemento que mantiene estables a nuestras almas. Todos hemos escuchado historias de atletas superestrellas, multimillonarios y estrellas de cine que destruyen su salud o sus relaciones familiares en búsqueda de la grandeza. Independientemente de cuánto logremos en un aspecto de nuestra vida, si perdemos la perspectiva general de que somos seres multifacéticos, nunca tendremos éxito.

Entusiasmo. Esto es lo primero que recibimos cuando llegamos a este mundo y el médico nos da una nalgada y es a lo último que renunciamos antes de que cierren la tapa del ataúd. He tenido el privilegio de entrevistar a superestrellas del mundo del entretenimiento, del deporte y la política, y el denominador común entre estas personas es una tremenda pasión y entusiasmo por lo que hacen. Si usted no siente ese tipo de pasión cotidiana al ir tras las metas de su vida, necesita o buscarse una nueva profesión o una nueva actitud con respecto a la profesión a la que se está dedicando en este momento.

Determinación. Esta es la capacidad de concentrarse en una sola cosa a la vez. Esto no significa que tengamos sólo una dimensión en nuestra vida, significa sencillamente que cuando estamos trabajando, trabajamos; cuando estamos jugando, jugamos. Y cualquier otra tarea que decidamos asumir recibe toda nuestra atención.

Tenacidad. Este es el elemento que siempre producirá el éxito final. Como alguien que es ciego, yo podía darle a una pelota de béisbol lanzada por el mejor pitcher en las ligas mayores si usted me permite seguir intentándolo hasta lograrlo. El mensaje inmortal de Winston Churchill se hace eco al pasar los años: "nunca te rindas, nunca te rindas, nunca, nunca, nunca..."

Sal y decide ser lo mejor.

¡Éste es el día!

A estas alturas ya usted debe haberse percatado de que cada columna termina con la frase: "¡Éste es el día!". Eso no es casualidad.

El elemento más vital para el éxito es un sentido de urgencia.

Hay muchas grandes ideas que nunca llegan a ser más que una gran idea porque no damos ese gran paso tan importante.

Hace poco he estado lidiando con la muerte de un familiar allegado. Esto crea una perspectiva nueva y muy valiosa. He experimentado un nuevo sentido de inmediatez en lo que quiero decir y en cuanto a las cosas importantes para hacer antes de que sea demasiado tarde. La realidad es que todos deberíamos vivir la vida de esta manera.

Dicho en terminología de negocios, ayer es un cheque canjeado que ya no tiene valor, y mañana es un pagaré que pudiera o no ser válido. La única divisa real que podemos gastar es este día. Si usted tiene un sueño, una meta o un objetivo que merita su atención y consideración, yo creo que eso es un regalo que le ha sido dado. Usted tiene una responsabilidad de actuar con ese regalo, no algún día, ni mañana, sino este día.

> Para cada meta de nuestras vidas hay un paso que debe darse éste.

Yo creo que para cada meta de nuestras vidas hay un paso que debe darse este día. Tal vez simplemente es cuestión de estudiar y aprender, prepararse o de conocer gente nueva que puede ayudarnos en el camino. Es

ÉSTE ES EL DÍA

importante tener objetivos para toda la vida y metas a largo plazo, pero recuerde que estos no significan nada a menos que abracemos la verdad eterna de que la vida se reduce a su esencia, el ahora es lo único que realmente cuenta.

¡Éste es el día!

L os años de éxito y prosperidad en nuestra economía han creado una sociedad de consumo. Ya no nos preocupa nuestra supervivencia física o financiera, por lo tanto, hemos asumido un nuevo desafío. Como pueblo hemos abrazado el desafío ilusorio de acumular más. Por favor comprenda que no hay nada de malo en disfrutar las posesiones materiales. Sin embargo, es importante establecer la diferencia entre las posesiones que tenemos y aquellas que nos tienen a nosotros.

Si su meta es adquirir un cierto nivel de vida o un estilo de vida para usted y para su familia o para la seguridad de su futuro, esa ambición es admirable. Sin embargo, si su deseo ardiente es ir a la par de las imágenes que muestran los anuncios de la televisión o las revistas de glamour, usted está aquejado por una enfermedad llamada "más".

Más es una enfermedad que se alimenta de sí misma, como una sed que nunca puede saciarse. Mientras vamos de un lugar a otro sin rumbo fijo, tratando de acumular más, tomamos conciencia de un número todavía mayor de cosas que no tenemos y que tenemos que alcanzar. En lugar de ir tras la meta imposible de lograr más, debiéramos buscar la meta interior que se llama "suficiente".

> Es importante establecer la diferencia entre las posesiones que tenemos y aquellas que nos tienen a nosotros.

Irónicamente encontramos personas que son literalmente multi-millonarias y que hace mucho tiempo perdieron la cuenta de todo lo que poseen. Sin embargo, a estas personas todavía las mueve esa búsqueda eterna de tener más. Por otra parte, hay personas de medios aparentemente modestos que han alcanzado ese estado admirable de suficiente. Han dejado de juzgarse en base a lo que tienen, en cambio, lo hacen en base a lo que son. Han llegado a la conclusión de que es más importante ser alguien especial que tener una gran acumulación de cosas. Han llegado a un punto en el que entienden que no es importante ser un "humano que tiene". Sólo es importante llegar a ser "un ser humano".

A fin de cuentas, muchas veces llegar al estado de suficiente le dará la confianza y la tranquilidad de espíritu de ser una persona todavía mejor que atraerá más éxito y eso dará como resultado las posesiones tangibles que se han convertido en una gran adicción en nuestra sociedad. Concéntrese en quién es y permita que aquello en lo que usted se convierta sea un resultado de su éxito personal.

¡Éste es el día!

El éxito en la vida, tanto a nivel personal como profesional, depende de nuestra capacidad de interactuar exitosamente con las personas que nos rodean. No existe éxito sin relaciones positivas en nuestras vidas. Una relación exitosa no es una relación sin conflicto. No existe una relación sin conflictos, por lo tanto, una relación exitosa es aquella en la que los conflictos se resuelven.

Hay demasiadas personas que cometen el error en sus vidas personales o profesionales de evitar los conflictos y sencillamente no lidian con estos. Aunque a corto plazo esta táctica pudiera traducirse en un breve período de paz, la realidad es que el conflicto sigue acumulándose hasta un punto inaguantable en que explota, y a menudo hace que a esas alturas sea imposible resolverse.

La solución para esto es bien sencilla: trate con todos los conflictos en el momento en que surjan.

Mi esposa y yo hemos tenido una política durante muchos años que nos ha resultado muy buena. Tratamos cualquier posible conflicto de inmediato. Si no se trata un problema el día en que surge, al finalizar ese día se considera que está fuera de los límites. Esto le obliga a uno o a olvidarse de la situación o a lidiar con el conflicto inmediatamente antes de que se multiplique en algo incontrolable.

> Trate con todos los conflictos en el momento en que surjan.

Todos hemos estado en situaciones en las que alguien explota de manera irracional ante una situación de menor importancia. En su mente no es una situación de menor importancia porque están lidiando con una pila enorme de asuntos que han dejado acumular durante semanas, meses, o incluso años. Entonces la proverbial gota rebosa la copa y se produce un daño irreparable a esa relación.

La sabiduría antigua nos enseña: "No se ponga el sol sobre vuestro enojo". Libérelo o trate con él mientras es un asunto de poca importancia y cada día usted comenzará con "borrón y cuenta nueva" al tratar con las personas en su vida personal y profesional.

¡Éste es el día!

E l enfoque es la clave para convertir la energía en productividad. Convierte nuestros sueños en metas y luego en realidad.

En un día extremadamente caliente el sol brillará con tanta intensidad que puede provocarle una quemadura muy grave. Pero hasta ahí. Esa misma energía, cuando se capta y se concentra con una lupa puede crear una intensa llama que puede usarse para cualquier tarea que usted escoja.

En la actualidad existe una corriente de pensamiento en los negocios que se denomina "extensión de la línea de producción". Esta teoría nos dice que si usted tiene una empresa exitosa que se ha hecho de un nombre con la fabricación de neumáticos para la nieve, usted debe ser capaz de usar su nombre y ligarlo a otros productos y experiencias del mismo grado de éxito, y por lo tanto, ampliar su línea de producción. Aunque esto funciona algunas veces, a menudo es más cuestión de un plan de expansión muy bien pensado y no sólo cambiar el nombre a un producto con la expectativa de volver a tener el mismo éxito.

> Cada triunfo tiene su propio precio y un cierto grado de sacrificio.

Las empresas o personas que logran éxito de talla mundial en cualquier esfera se concentran intensamente en esa esfera. Con demasiada frecuencia la mentalidad de extensión de la línea de producción es sencillamente huirle al problema cuando las cosas se ponen difíciles y nadie está contento con lo que tiene.

Antes de que disminuya su enfoque o lo cambie, tiene que preguntarse: "Si no podemos lograr eso, ¿qué nos hace creer que lograremos otra cosa?" Si realmente está ampliándose debido al éxito, eso es algo muy diferente, pero si está pensando que el éxito será más fácil si toma otro camino, probablemente se llevará un gran chasco.

Cada persona o sociedad que experimenta éxito lo hace con un enfoque en particular y luego, sobre la base de ese éxito, construyen otro triunfo, y otro más.

Cada triunfo tiene su propio precio y un cierto grado de sacrificio. Si tomas un atajo para tratar de evitar el precio, muy a menudo verás que las cosas se ponen más difíciles y de todas maneras tienes que pagar el precio. Por este motivo, nunca debemos confundir el "¿cómo vamos a hacerlo?" con la decisión de "¿qué vamos a hacer?" Este siempre es el error que cometen las personas que llevan vidas de mucha desesperación, como se ha descrito tan hábilmente.

Usted pagará el precio, independientemente del camino que escoja, así que más vale que escoja un camino que produzca emoción y pasión en usted. Entonces, simplemente concéntrese en su meta y en las actividades que sabe que le llevarán hasta ella. Descubrirá que la ruta más corta hacia su destino final le llevará directamente a la tarea más intimidante y de enormes proporciones que tenga frente suyo. Pero, como siempre, estoy convencido de que si tiene un sueño dentro suyo, éste existe porque usted tiene la capacidad de realizar cada tarea necesaria para alcanzar esa meta.

¡Éste es el día!

H ace poco escuché acerca de un grupo de agencias publicitarias que constantemente buscan lo que ellas denominan una ciudad "normal". Al parecer lo que buscan es el ejemplo perfecto de los Estados Unidos en el sentido demográfico. Pasan mucho tiempo buscando este ilusorio rincón de normalidad. Incluso cuando encuentran una ciudad o pueblo que consideran normal, en un año o dos tienen que seguir la búsqueda porque el sitio existente, por alguna razón, ya no es "normal."

Cuando nacemos todos somos personas creativas diferentes e independientes. Independientemente de que usted escuche algo diferente, nuestra sociedad no aprecia ni recompensa a las personas que son únicas. Se nos enseña desde pequeños a amoldarnos en todos los sentidos para no sobresalir entre la multitud. En resumen, se nos enseña a ser "normales".

Este proceso de normalizar a todo el mundo es similar a buscar el denominador común humano más inferior. Es igual a decir, si nunca sobresales, sin dudas que nunca serás prominente.

> Nunca se erigen monumentos en honor a personas normales.

Siempre recordaré cuando me diagnosticaron la enfermedad que finalmente daría como resultado mi ceguera. Cuando se hizo evidente que poco a poco perdería la vista y que yo no sería "normal," recuerdo que mi padre dijo: "Aunque nunca serás normal, realmente es algo a lo que vale la pena aspirar".

Aunque todos estaríamos de acuerdo con este principio, como sociedad todavía recompensamos la normalidad. Aunque yo no abogaría por convertirse en un antisocial, sí pienso que la grandeza proviene de personas con expresión creativa. Piense en todas las cosas que usted hace a lo largo de su día. Pregúntese qué sucedería si comenzara a hacer algunas de estas tareas a un nivel por encima de lo normal. Observe a los mentores o las personas a cuyo desempeño usted aspira. Descubrirá que las personas de éxito verdadero rara vez hacen algo de manera "normal". Realizan algunas tareas cruciales al nivel más alto posible y muy a menudo ignorar o delegan en otros las tareas triviales.

Nunca se erigen monumentos en honor a personas normales. Se erigen a personas que se dedicaron a hacer una cosa sumamente bien. Encuentre esa cosa en su vida y evite la tentación de ser normal.

¡Éste es el día!

S u futuro, junto con sus metas personales y profesionales, no es tan frágil como usted pudiera pensar. El fracaso es a menudo el fertilizante que hace que el éxito florezca. Hace poco la historia de nueve irlandeses del siglo diecinueve me confirmó este principio.

La historia cuenta que en 1848, cuando Irlanda estaba tratando de separarse de Inglaterra, nueve jóvenes rebeldes irlandeses fueron capturados y sentenciados a muerte. Cuando fueron llevados ante la reina Victoria para recibir su castigo, ella no pudo soportar que los ejecutaran, así que los envió a una colonia penal inglesa en Australia.

Unos cuarenta años después, la reina Victoria visitó Australia y fue saludada por el primer ministro, Sir Charles Gavan Duffy. Ella se quedó consternada cuando este le reveló que había sido uno de esos nueve irlandeses sentenciados a muerte. La reina Victoria le concedió el título de caballero y este llegó a conocerse como Lord Charles Duffy. La reina la preguntó a Duffy si sabía algo acerca de los otros ocho prisioneros. Él le informó que se habían mantenido en contacto y le contó de los logros de estos.

> En cada derrota yace la semilla para una victoria mayor.

Thomas Francis Meagher emigró a los Estados Unidos donde se convirtió en un magnate del ganado y fue gobernador de Montana. Terrence McManus y Patrick Donahue se convirtieron en generales del ejército de los Estados Unidos donde sirvieron con distinción. Richard O'Gorman emigró a Canadá donde llegó a convertirse en el gobernador general de Newfoundland. Morris Lyene y Michael Ireland sirvieron como miembros del gabinete en Australia y también fueron, por separado, fiscales generales de Australia. D'Arcy McGee se convirtió en primer ministro de Canadá. Y por último, John Mitchell emigró a los Estados Unidos donde fue un destacado político en Nueva York. Su hijo, también de nombre John Mitchell, sirvió como alcalde en la ciudad de Nueva York. Todos enfrentamos decepciones así como obstáculos y barreras en nuestros diferentes caminos hacia el éxito. Yo no compararía mis problemas con los suyos ni con los de nuestros nueve amigos irlandeses. Sin embargo, es importante recordar que sólo somos tan grandes como lo más pequeño que se necesite para desviarnos de nuestro destino.

Recuerde que en cada derrota yace la semilla para una victoria mayor. Salga y encuentre esa semilla y vivirá una vida maravillosa.

¡Éste es el día!

C ada vez que interactuamos con otra persona, recibimos la oportunidad de crear o un puente o una pared. No existen encuentros neutrales entre las personas. Cada contacto o fomenta o destruye la relación.

Hace poco tuve la oportunidad de desayunar y almorzar en el restaurante de un hotel. Durante el desayuno, estaba bastante lleno y la comida se demoró un poco, pero la camarera era muy amable, agradable y profesional. Me preguntó sobre el propósito de mi viaje y parecía de verdad interesada. Me fui con una impresión muy positiva de lo que hubiera podido ser una experiencia mediocre o mala.

Ese mismo mediodía, regresé para almorzar. El restaurante estaba prácticamente vacío, trajeron la comida rápido y estaba bastante buena, sin embargo, la camarera no fue tan atenta y me hizo sentir como si estuviera interrumpiendo su importante día. Me fui de allí con una impresión negativa a pesar de que todos los factores alrededor de la comida como tal, eran mejores que en la mañana, salvo mi comunicación con la mesera.

> Tenemos que ver cada interacción como si fuera una cuenta del banco humano.

Cada día se invierten millones de dólares en propaganda para atraer a los clientes. Los detalles de la experiencia de compra llevan consigo muchas ideas, esfuerzo y preparación.

A veces creo que olvidamos que el cliente se llevará una buena o una mala impresión en base a la experiencia humana. Tenemos que ver cada interacción como si fuera una cuenta del banco humano. Cada vez que estamos en contacto con otra persona, es como un depósito o una extracción que hacemos en su cuenta. Mientras vive su día, trate de pensar en que la mayor impresión que usted deja sobre usted o su negocio, es probablemente con su actitud y la manera en que se comunica con otros.

Seguramente usted ha escuchado la frase, "Nunca tenemos una segunda oportunidad para dar una buena primera impresión." Aunque esto es cierto, la realidad es mucho más profunda: nunca tenemos otra oportunidad para rehacer cualquier impresión. Todas cuentan.

¡Éste es el día!

E l temor es el obstáculo y la barrera número uno para cualquier tipo de éxito. A menudo nos equivocamos al pensar que los que mejores resultados obtienen son las personas que no sienten miedo. La realidad es que los campeones sienten miedo pero a pesar de ello, actúan.

Al poco tiempo de perder la vista, enfrenté un temor que nunca antes había siquiera imaginado. La única manera de evitar todo lo que me asustaba era mudarme a un pequeño cuarto de unos nueve por doce pies en el fondo de la casa. Esta pequeña habitación se convirtió en mi mundo.

Finalmente, un día me di cuenta de que todo a lo que yo le temía fuera de mi cuarto no podía ser peor que pasar el resto de mi vida en un cuarto de 9 por 12 pies. Decidí aventurarme a salir e ir hasta el buzón de correos al final de la entrada para los autos.

La primera vez que salí de mi casa desde que quedé ciego y caminé hasta el buzón, apenas me movía y estaba rígido por el nerviosismo. La vez número quinientos que puse un pie fuera de la casa y caminé toda la entrada, ni siquiera pensé en estar nervioso. Simplemente fui hasta el buzón de correos y regresé a la casa.

> Todo el mundo siente miedo, pero los campeones enfrentan el miedo y viven su destino.

Pudiera haber tropezado con igual facilidad en ese viaje número quinientos como en el primero, pero cuando ya había hecho quinientos viajes, ya sabía que si tropezaba con algo, podía levantarme, sacudirme el polvo y no obstante hacer el recorrido de ida y vuelta.

La entrada de la casa y los peligros potenciales no habían cambiado. Yo había cambiado, y así es como sucede con cualquier éxito.

Puede que los problemas, los obstáculos y los retos no sean muy diferentes. Puede que sean mayores, pero usted y su habilidad de aceptar el desafío han crecido en proporción aún mayor. Ahora es mucho más capaz de dar el siguiente paso, y ahí radica la gran diferencia.

Todo el mundo siente miedo, pero los campeones enfrentan el miedo y viven su destino.

¡Éste es el día!

H ace más de veinticinco años, mi padre me presentó a un hombre que se convertiría en mi mentor y tendría una gran influencia sobre mi vida. Lee Braxton tenía apenas una educación de escuela secundaria, pero hizo millones de dólares durante la Depresión y fue un hombre exitoso en muchas esferas de la vida. Era una de esas personas que trataba a las grandes personalidades como si fueran gente común y corriente, y a las personas comunes y corrientes como si fueran grandes personalidades. Mejoró la vida de muchos a su alrededor. El señor Braxton murió hace ya muchos años, pero yo pienso en él casi todos los días.

Recientemente mi papá estaba limpiando unos archivos viejos y se encontró con algunas cosas que el Sr. Braxton había escrito hacía más de cincuenta años. Los escritos del Sr. Braxton tenían que ver con las personas que fracasaron porque le temían al éxito. A primera vista, temerle al éxito puede parecer algo ridículo. Todo el mundo quiere tener éxito. ¿Quién podía tenerle miedo? La realidad es que la mayoría de las personas no alcanzan el éxito porque sienten un temor profundamente arraigado.

Lo que todos perseguimos no es necesariamente éxito, sino nuestra propia zona de comodidad. Tratamos de encajar en el mundo de una manera y a los niveles que creemos nos merecemos. Usted probablemente conoce

> Somos el producto de lo que creemos y lo que pensamos que podemos alcanzar.

personas que están a punto de obtener las cosas que quieren, pero entonces, de algún modo, casi sabotean sus propios esfuerzos. Hace poco leí acerca del fenómeno de los prisioneros que, luego de cumplir su sentencia, cometen un delito menor para regresar a la cárcel porque allí era donde se sentían más cómodos.

Seguramente ha oído el viejo dicho de aquellas personas que no creen algo: "Si no lo veo no lo creo." En realidad, "lo verás cuando lo creas." Somos el producto de lo que creemos y lo que pensamos que podemos alcanzar. Cualquier cosa más allá de esto nos saca de nuestra zona de comodidad y crea el miedo al éxito.

A medida que avance hoy, examine sus metas y objetivos a largo plazo. Proyéctese mentalmente en esos roles que el éxito le producirá. Decida si ese papel crea temor o comodidad en su mente. A menudo usted puede superar lo que otros piensan de usted, pero nunca superará lo que usted piensa de usted mismo.

¡Éste es el día!

L a realidad puede definirse como la percepción de cada cual en base a su propia perspectiva.

Hace poco yo estaba disfrutando una vieja novela de espionaje, un tanto anticuada, en la que cuatro agentes secretos enemigos están sentados a la mesa jugando cartas. Uno de los agentes debía recibir un símbolo codificado que debía escribir en el mantel. El símbolo lo captaría una cámara que estaba en el techo de la habitación. Los otros tres agentes secretos observarían el símbolo secreto tan pronto como estuviera escrito en el mantel y luego lo informarían a sus respectivos jefes.

En el momento indicado, uno de los jugadores escribió la letra C en el mantel. La cámara secreta inmediatamente captó el símbolo. El espía que estaba justo del otro lado de la mesa se excusó repentinamente y reportó a sus superiores que el símbolo era una "W." Al mismo tiempo, los dos espías que estaban a la derecha y a la izquierda de la mesa se apresuraron a reportar que el símbolo secreto era una letra "F" y el número "3," respectivamente.

> La realidad puede definirse como la percepción de cada cual en base a su propia perspectiva.

Aunque por lo demás la novela era poco memorable, es interesante que cuatro observadores capacitados, cada uno con la sencilla meta de identificar un símbolo, llegaran a conclusiones diferentes. Los espías fallaron en su misión no porque no fueran observadores ni detallistas sino porque entendían la regla de la perspectiva.

Seguro usted ha escuchado decir que todo es según el color del cristal con que se mira. Todo depende de la percepción con que se mire. Para trabajar con personas usted debe estar dispuesto a entender, considerar y apreciar su perspectiva.

Todos hemos conocido personas que tienen una perspectiva positiva y optimista en la vida. Desde su perspectiva, se acaban de comer la mejor comida, han visto la puesta de sol más hermosa de la historia o han escuchado la música más bella. Por otro lado, todos conocemos personas que tienen un enfoque más cauteloso para describir la vida. Desde su perspectiva la comida estuvo bastante buena, la puesta del sol se podía disfrutar y la música no estuvo mal.

En realidad estas dos personas están describiendo lo mismo y, a menos que usted entienda y reajuste las perspectivas de las personas, quedará confundido y no obtendrá la información y las opiniones que necesita para tener éxito. Cuando entendemos la perspectiva de las personas comenzamos a comunicar verdaderamente sentimientos en lugar de palabras.

¡Éste es el día!

Qué es lo que hace que algunas personas se desempeñen a un nivel extremadamente alto mientras que otras parecen enlodadas en la mediocridad? Esta es una pregunta que ha asediado a aquellos que han estudiado el desarrollo personal desde el comienzo de los tiempos. Pudiera haber una respuesta oculta en un lugar insólito.

Aquellos que han vencido obstáculos en su propia vida parecen estar mejor preparados para enfrentar los desafíos del mundo.

Hace poco leí el libro de Tom Brokaw The Greatest Generation. En este libro él explica por qué él considera que la generación que alcanzó la mayoría de edad durante la Segunda Guerra mundial fue la más grande del siglo veinte. Brokaw justifica muy bien este argumento. Sin embargo, cuando uno profundiza en la causa de la grandeza de esta generación, puede ser un tanto desconcertante.

Al principio uno pensaría que su grandeza vino de la capacitación adicional que recibieron para ir a la Segunda Guerra Mundial o tal vez la educación extra que recibieron como resultado de la ley GI luego de la guerra. La realidad es que su grandeza se formó mucho antes. Como resultado de haber vivido durante la Gran Depresión y luego pasar la Segunda Guerra Mundial, ellos se vieron cara a cara con su propio potencial.

> La lucha que usted enfrenta hoy es el trampolín hacia su destino.

Usted ha oído decir que una adversidad no destruye sino que nos hace más fuertes. Este principio es el responsable de la más grande generación en el libro de Brokaw. Una vez que usted se enfrenta a la adversidad y la mira de frente, usted tiene la capacidad de enfrentar con calma otras barreras, mientras que aquellos que nunca han enfrentado la adversidad dudan de su propia capacidad.

Si usted busca en las páginas de la historia a aquellos que han logrado las proezas a las que todos aspiramos, usted descubrirá que las semillas de su grandeza fueron sembradas durante su propia adversidad. Sus semillas se fertilizaron con fracaso y fueron regadas con sangre, sudor y lágrimas de sus propias luchas personales. La próxima vez que usted enfrenta la adversidad, el desengaño o el desánimo, entienda que en esto yace la semilla de un mañana mucho más grande.

La lucha que usted enfrenta este día es el trampolín hacia su destino.

¡Éste es el día!

A todos nos han enseñado que existen dos tipos de personas en el mundo: los ganadores y los perdedores. Pero, a diferencia de cualquier otra creencia que valoremos, no es tan sencillo. La realidad es que todo el mundo es un ganador en potencia. Sencillamente están compitiendo en el juego equivocado.

El nivel de habilidad y pasión que se necesita para convertirse en un campeón no se pasa de un juego a otro. Cuando se escribió la historia de los deportes del siglo veinte, los escritores debatían quién debía considerarse como el mejor atleta del siglo. Prácticamente todos estuvieron de acuerdo en que si no era el mejor, Michael Jordan estaba sin dudas entre los dos o tres mejores atletas de los últimos cien años.

Pero incluso el gran Michael Jordan, quien reescribió los libros de récord en el baloncesto, no era más que un mediocre pelotero de una liga menor.

Si actualmente usted no es un campeón en su vida, pudiera ser porque está en el juego equivocado. Sus talentos, habilidades, capacidad y pasión son idóneos para que usted se convierta en un ganador. Si usted no está ganando y al contrario, en lugar de esforzarse más, debe buscarse otra competencia.

> Encuentre las cosas que usted disfruta y verá que le pone el empeño y la intensidad necesarios para convertirse en un campeón.

Llega un momento en que todos tenemos que ser completamente honestos con relación a nuestros puntos fuertes y nuestras debilidades. Como alguien que es ciego entiendo que hay muchas cosas que sencillamente no tengo la capacidad de lograr a la manera tradicional. Sin embargo, cualquier "incapacidad" puede convertirse en una ventaja ya que limita los juegos en los que usted no ganará y por tanto aquellos en los que usted puede llegar a ser un campeón se hacen evidentes.

Encuentre las cosas que usted disfruta y verá que le pone el empeño y la intensidad necesarios para convertirse en un campeón. Mientras usted juegue el juego de otra persona, según las reglas de esa persona, usted saldrá frustrado. Pero una vez que dé el paso atrevido de salir de la oscuridad a la luz y comenzar a ir en pos de su propia pasión, usted verá, parado en el escalón superior, que de su cuello cuelga la medalla de oro de la vida.

La victoria es dulce y pertenece a cada uno de nosotros. A fin de cuentas, el premio viene tanto por hacer lo correcto como por hacerlo bien.

¡Éste es el día!

Siempre he sido un aficionado a los torneos de golf que ponen en la televisión. Hace poco Tiger Woods ha revolucionado el deporte y ha alterado la manera en que el público disfruta un evento.

En un torneo reciente Tiger estaba golpeando en el último Ésteo para ganar el torneo de cuatro días. El solemne locutor profesional anunció: "Este es el golpe que ganará el torneo completo".

Cuando Tiger Woods dio el golpe y, de hecho, ganó el torneo, yo pensé en el hecho de que cualquiera de los 275 golpes durante el período de cuatro días pudiera haber ganado o perdido el campeonato. El primer golpe no era menos importante que el último. No encerraba la promesa inmediata y segura de la victoria, pero de todos maneras era significativo.

Nuestras vidas y profesiones funcionan de la misma manera. Pasamos los días haciendo muchas actividades aparentemente insignificantes que, cuando se combinan, constituyen nuestro éxito o fracaso. Cada vez que usted conoce a una persona, escribe una carta, hace una presentación, responde una llamada telefónica o cualquier otra cosa, usted está realizando una actividad que pudiera, en principio, hacer de usted un ganador o un perdedor.

> Para ser un ganador, tenemos que desempeñarnos en cada oportunidad con una norma de excelencia.

A diferencia de Tiger Woods, usted y yo nunca sabemos qué actividad marcará la diferencia. Ese momento en que usted no dio lo mejor de sí, pudiera tener consecuencias de largo alcance. Usted nunca sabe quién le está mirando.

Si supiéramos cuáles son los momentos decisivos de nuestras vidas, nos comportaríamos a la altura de las Olimpiadas, la Serie Mundial o el Super Bowl, pero nunca lo sabemos. Por lo tanto, para ser un ganador, tenemos que desempeñarnos en cada oportunidad con una norma de excelencia. Como dice un buen amigo mío: "Un ganador es siempre un ganador". Los campeones no tienen días libres.

¡Éste es el día!

Recuerdo una frase que se hizo famosa en el servicio conmemorativo a Robert Kennedy. "Algunos hombres ven las cosas como son y dicen: '¿Por qué?'. Yo sueño con cosas que nunca fueron y digo: '¿Por qué no?'".

En nuestra sociedad nos hemos vuelto tan reacios al riesgo que a menudo ponemos en peligro la creatividad. Contratamos asesores para que nos digan qué es posible, pero ellos definen "posible" al determinar lo que ya se ha hecho. Es importante comprender que antes de cada gran progreso de la humanidad, los expertos de la época le hubieran asegurado que eso era un imposible.

A menudo cuando hablo a personas les pido que adopten un estado de ánimo que yo denomino "neutral". Esto significa sencillamente detener las circunstancias que rodean su realidad inmediata y examinar el mundo de la posibilidad. Esto no es tan fácil de hacer como parece. Hemos sido programados para evitar los riesgos y evaluar cada obstáculo. Así que, en cuanto uno empieza a explorar posibilidades al preguntarse: "¿Por qué no habría de ser posible?, su mente inmediatamente comienza a contar el precio, el riesgo y la probabilidad del fracaso.

> Los visionarios abren la puerta de la posibilidad y permiten que el mundo entero cruce a una existencia mejor, más brillante y más significativa.

43

Por favor entienda que necesitamos personas que examinen los riesgos y traten con los detalles. Estas son las personas que impulsan el barco de la iniciativa humana. Sin embargo, el capitán del barco, la persona que controla el timón, debe ser un tipo de persona con una visión amplia, de las que preguntan "¿Por qué no?"

Todo era imposible antes de que se hiciera. Durante décadas antes de que Roger Bannister rompiera el récord de la milla (1.609 metros) en cuatro minutos, se daba por hecho que esa marca era inalcanzable. Varios años después de la carrera de Bannister que rompiera el récord, montones de atletas del mundo entero, literalmente, rompieron el record de la milla en cuatro minutos.

Los visionarios abren la puerta de la posibilidad y permiten que el mundo entero cruce a una existencia mejor, más brillante y más significativa.

El hecho de que usted esté de acuerdo con la política de Robert Kennedy no tiene importancia. Espero que el legado duradero que él nos deje sea el cuestionar siempre la realidad y expandir el reino de las posibilidades.

Examine cada esfera de su vida y pregúntese: "¿Por que?" Luego adopte el estado de ánimo neutral durante un tiempo suficiente para explorar todas las posibilidades y pregúntese: "¿Por qué no?" Puede que empiece a vivir su vida a un nivel superior, alimentado por el poder de la posibilidad.

¡Éste es el día!

E l éxito y la felicidad en la vida llegan cuando comenzamos a entender que las reglas del universo se aplican a nosotros.

¿Se acuerda de cuando era un adolescente? Usted nunca iba a envejecer. El concepto de tener treinta años era tan ajeno que no tenía significado. Entonces, sin que se diera cuenta, usted tiene treinta años, pero está seguro de que nunca será tan viejo como tener cuarenta. Recuerdo cuando era un niño pequeño y no estaba consciente de que la ley de la gravedad también se aplicaba a mí. Luego de unos cuantos moretones y magulladuras, la realidad quedó clara.

Hace poco la rectificación en el mercado de valores enseñó a muchos inversionistas ingenuos que las reglas se aplican a ellos. Durante muchos años el mercado estuvo tan fuerte que muchos de los nuevos inversionistas nunca habían visto la caída del mismo. Si usted les hubiera preguntado ellos le hubieran asegurado que, en teoría, el mercado puede decaer. Pero de acuerdo a la manera en que ellos pidieron prestado e invirtieron a crédito, sus acciones indicaban que no estaban convencidos de que las reglas se aplicaran a ellos.

> Cuando fracasamos en la vida rara vez se debe a que no sabemos qué hacer. Con más frecuencia fracasamos porque no hacemos lo que sabemos.

A muchas personas les resulta difícil ver las reglas con consecuencias a largo plazo desde una perspectiva cotidiana. Están conscientes de que usar el cinturón es importante para su seguridad pero dicen cosas así: "Sólo voy a la tienda o a la esquina". Aunque saben que desde una perspectiva de por vida esto es algo crucial, nunca se les ocurre que las reglas deben aplicarse hoy. Nunca piensan que este cigarro, este trago o este mal hábito de hoy creará el problema de mañana.

Cuando fracasamos en la vida rara vez se debe a que no sabemos qué hacer. Con más frecuencia fracasamos porque no hacemos lo que sabemos. El éxito se convierte en un hábito y el fracaso también puede crear hábito. Todos hemos escuchado decir a personas que acaban de experimentar un fracaso: "Yo sabía que eso iba a pasar" o "Siempre me pasa lo mismo". Al mismo tiempo, aquellos que triunfan siguen las reglas del éxito, y sus victorias van una tras otra como un reloj.

Dar atención al cliente significa tratar a todos según la Regla de Oro: tratarlos en su negocio como le gustaría a usted que lo trataran en el de ellos. Nunca sabemos cuál posible cliente se convertirá en la relación multimillonaria. Por lo tanto, usted tiene que tratar a todos con un alto grado de integridad y profesionalismo. Si supiéramos cuándo vamos a tener un accidente, todos nos pondríamos el cinturón ese día. Ya que no lo sabemos, apliquemos reglas universales de éxito a todas las situaciones. De esta manera podemos hacer que cada día sea una experiencia segura, productiva y exitosa.

¡Éste es el día!

En los últimos años he tenido el privilegio de escribir varios libros y algunas columnas en periódicos. Hace varios años terminé mi primera novela que desde entonces se convirtió en una película. Escribir ficción es aventurarse a un nuevo mundo, pues uno tiene el privilegio de escribir sobre el mundo y la manera en que uno cree que debiera ser en lugar de cómo es realmente.

Sin echar a perder la historia, cuando uno de los hombres más ricos del país muere, deja a todos sus familiares dinero, negocios o propiedades, con excepción de un joven. Él le deja a su nieto una odisea de doce meses que da como resultado El último regalo.

La vida es un regalo que se nos ha dado. La manera en que la vivamos y maximicemos es nuestro regalo para aquellos que nos rodean. A continuación usted encontrará una lista de algunos de los regalos de la vida que todos podemos disfrutar tal y como se describe en El último regalo:

1. **El regalo del trabajo:** El que ama su trabajo nunca se afana.

2. **El regalo del dinero:** El dinero no es más que una herramienta. Puede ser una fuerza para el bien, una fuerza para el mal o sencillamente puede quedar inactivo.

3. **El regalo de los amigos:** Es realmente rico aquel que mide la riqueza en amigos y no en oro.

4. **El regalo del aprendizaje:** La educación es un viaje de toda la vida cuyo destino se expande a medida que uno viaja.

5. El regalo de los problemas: Los problemas sólo pueden evitarse al ejercer buen juicio. El buen juicio sólo se obtiene al experimentar los problemas de la vida.

6. El regalo de la familia: Algunas personas nacen en familias maravillosas. Otras tienen que buscarlas o crearlas. Ser miembro de una familia es algo por lo que no pagamos nada excepto amor.

7. El regalo de la risa: La risa es buena medicina para el alma. Nuestro mundo necesita desesperadamente más medicina.

8. El regalo de los sueños: La fe es lo único que necesitan los soñadores para mirar al futuro.

9. El regalo de dar: La única manera en que usted realmente puede sacar más de su vida para sí mismo es entregando parte de sí mismo.

10. El regalo de la gratitud: En aquellos momentos en que anhelamos tener más en nuestras vidas debemos hacer hincapié en las cosas que ya tenemos. Al hacerlo, a menudo descubriremos que nuestras vistas están llenas hasta desbordar.

11. El regalo de un día: La vida, en esencia, se reduce a un día a la vez. ¡Éste es el día!

12. El regalo del amor: El amor es un tesoro por el cual nunca podemos pagar. La única manera de conservarlo es entregándolo.

13. El último regalo: Al final, la vida que se vive a plenitud es el último regalo.

Comience a vivir su vida como si fuera su último regalo.

¡Éste es el día!

L a frase de moda entre la gente de negocios y la gente creativa es: "Pensar de manera novedosa". Esto significa que una piense de una manera no ortodoxa y no tradicional que puede llevarle a conclusiones nuevas y creativas. Esta es una herramienta poderosa, en cierta medida, porque permite usar toda su mente creativa sin limitarse a la manera en que siempre se han hecho las cosas. Sin embargo, aunque usted piense, no de la manera novedosa, no olvide que hay algunos conceptos maravillosos en la manera convencional. La manera tradicional en un tiempo fue la manera novedosa de pensar. Ya que tuve éxito, esa idea se convirtió en algo "tradicional".

Hace poco escuché acerca de una mujer que estaba interesada en llevar la era de la computación a su cocina. Compró un programa de computadora para almacenar todas sus recetas. Luego sacó sus viejas tarjetas laminadas con recetas de su caja de madera. Fue la oficina de su casa y pasó muchas horas copiando las recetas en su computadora. Después de terminar aquella tarea monumental, estaba lista para comenzar a cocinar con su nuevo sistema de recetas para el siglo veintiuno.

> No olvide que hay algunos conceptos maravillosos en la manera convencional.

Escogió el plato que deseaba preparar y su computadora inmediatamente le mostró la receta en la pantalla. Ella fue a la cocina y empezó a cocinar. Pronto se dio cuenta de que estaba malgastando su tiempo yendo y viniendo de la cocina a la oficina. Su solución para el problema fue imprimir la receta en un pedazo de papel para poder llevar la receta a la cocina. Antes de que pasara mucho tiempo, como sucede a menudo en una cocina activa, el mostrador era un desorden y el escrito de la computadora que tenía su receta, se mojó, se manchó y quedó ilegible.

Con una frustración total ella dijo: "Sería maravilloso si tuviera mis recetas impresas en tarjetas a prueba de agua y de manchas". Si uno sigue el curso de los acontecimientos se dará cuenta de que su nuevo deseo se parece mucho al punto en que ella comenzó: tarjetas laminadas en una caja de madera.

No piense en si es una idea nueva o una idea vieja. No se preocupe por si es novedosa o tradicional. Quite el adjetivo e implemente la mejor idea.

¡Éste es el día!

A medida que uno llega un cumpleaños importante, de los que terminan en "0", uno aprende que hay un montón de cosas que no sabe. Las experiencias de la vida nos dan sabiduría, pero para cada respuesta parecen surgir dos preguntas que no tienen respuesta.

Cuando uno es un adolescente o adulto joven, todo parecía simple, fácil y uno lo entendía todo. Según el tiempo pasó, el sencillo mundo blanco y negro se desvaneció en varias complejas tonalidades de gris. Comprendemos que las personas son el producto de su medio, su manera de pensar y sus actitudes.

A menudo parece que las personas ignorantes y desconocedoras quieren decírselo todo mientras que los sabios y entendidos parecen reticentes a hablar. Yo creo que es casi una ley universal que las opiniones que las personas te imponen por lo general carecen de valor, mientras que hay que buscar y cuestionar a aquellos que realmente tienen algo que decir. Nunca le pida una opinión a alguien que no tenga lo que usted quiere. Por otro lado, cuando encuentre personas que hayan triunfado en su campo de interés, usted debe pedirles específicamente su sabiduría.

> El tiempo, la experiencia, los libros y los viajes expanden los campos de referencia que uno tiene.

Cuando somos más jóvenes creemos que los asuntos sólo tienen un lado. A medida que envejecemos descubrimos que tienen dos lados y cuando realmente se obtiene la sabiduría aprendemos que hay muchos lados con diversos ángulos. El tiempo, la experiencia, los libros y los viajes expanden los campos de referencia que uno tiene. Conocer a personas diferentes, de diferentes lugares, ya sea en persona o a través de los libros nos pone a pensar. Las personas de mira estrecha a menudo sólo se asocian o leen materiales de personas con quienes están de acuerdo. Las personas sabias debaten asuntos o leen libros escritos por personas con quienes puedan no estar de acuerdo.

La sabiduría se adquiere al mantener una mente abierta y una boca cerrada. Por otra parte, la ignorancia queda al descubierto al tener una boca abierta y una mente cerrada. Comprométase a escuchar más de lo que hable y asegúrese de escuchar a las personas que tengan algo que decir que valga la pena. Cada día usted deposita o retira en la cuenta de sabiduría de su vida. Asegúrese de invertir y ahorrar sabiamente.

¡Éste es el día!

T odos hemos escuchado la historia de la persona a quien le piden que camine por una estrecha viga de madera puesta en el piso. Obviamente, eso es fácil. Entonces le piden a esta persona que camine por la misma viga a cambio de un millón de dólares, la única diferencia es que ahora la viga estará entre dos rascacielos, a mil pies de altura (305 metros). En este caso son muy pocos los interesados porque la mayoría de nosotros no arriesgaría su vida, ni siquiera por un millón, al balancearse en una viga de madera estrecha a mil pies de altura.

Sin embargo, si añadimos un detalle más y decimos que la vida de su hijo está en juego, y su hijo está en el otro edificio, y la única manera de llegar allí es cruzando la viga, el escenario se vuelve simple. Lo único que cambia de la viga en el piso a la viga en el aire es la cantidad de riesgo y compromiso que se requiere para proceder.

Probablemente a usted le han dicho en algún momento que debe tener un compromiso total con todo lo que hace en su vida. Esto no sólo no es cierto sino que es peligroso. Hay sólo unas pocas cosas en la vida en las que usted puede invertir su compromiso total, así que debemos escoger nuestros compromisos sabiamente. Es obvio que usted debe comprometerse totalmente con su cónyuge y con su familia. Debe tener un compromiso total para con su fe o las creencias fundamentales que

> Debemos escoger nuestros compromisos sabiamente.

rigen su vida. Y usted debe tener una entrega total a su destino o las pasiones de la vida que haya escogido. Pero si usted tiene el mismo nivel de compromiso con su programa de televisión favorito que con su familia, usted tiene un problema grave en su vida.

El equilibrio en la vida significa tener la cantidad adecuada de compromiso invertida en las cosas adecuadas para usted. Asegúrese de que realmente todos los compromisos le pertenecen y no aquellos que otros le hayan forzado a hacer o que usted se haya sentido presionado a hacer por parte de otras personas.

Yo he oído decir que si no hay nada que merite la pena morir, hay muy poco por lo cual merite la pena vivir. Esa es una manera dramática de decir: "Asegúrese de haber hecho los compromisos adecuados". Cada día asegúrese de que al invertir su tiempo, esfuerzos y energía, estos estén alineados con los compromisos que usted más valora en su vida.

¡Éste es el día!

S i la necesidad agudiza el ingenio, la desesperación de seguro que no se queda atrás. Muchas personas se engañan pensando que la creatividad y la innovación vienen de tener tiempo, en un ambiente libre de preocupaciones, para reflexionar en las posibilidades y pensar de manera novedosa. La verdad es que gran parte de lo que llamamos avances o innovaciones provienen de una necesidad desesperada que se hace muy presente ante un problema apremiante.

Hace poco recordé la historia del vendedor de helados en la Exposición Universal, hace un siglo, quien se vio en la nada envidiable situación de tener un suministro prácticamente ilimitado de clientes mientras se le acababan las cucharas y los tazones para su helado. Su quiosco de helados estaba junto a un vendedor de barquillos que antipáticamente criticaba al vendedor de helados por estar mal preparado.

En un momento de frustración y desesperación surgió una idea genial. El vendedor de helados fue al quiosco del vendedor de barquillos y compró cientos de barquillos y los convirtió en lo que hoy conocemos como barquillos de helado.

> Haga hoy la promesa de buscar la oportunidad que se esconde detrás de la crisis.

El barquillo de helado convirtió en millonario al caballero del puesto de helado en la Exposición Universal, pero lo que realmente inspiró su ingenio no fue el nivel de necesidad sino la exclamación de un grado de desesperación. Es sorprendente lo que podemos hacer cuando tenemos que actuar.

Hay tantos negocios en la actualidad que funcionan de manera burocrática. Es crucial cierto nivel de este estilo organizativo, pero lo que se pierde es la creatividad empresarial. Un empresario sobrevive al hacer que algo suceda. Un burócrata sobrevive al evitar cometer un error evidente. Por lo tanto, el empresario se lanza a hacer algo, incluso si de momento no es el camino perfecto. El burócrata, por otro lado, se queda estancado y a menudo escoge rodearse de una defensa compuesta de informes y estudios, que demuestran que la mejor estrategia es no hacer nada.

Al dirigir su vida o su negocio, trate de buscar equilibrio entre el control ordenado de un burócrata, lo que le permitirá mantener funcionando el sistema cotidiano, y la creatividad del empresario. La próxima vez que usted esté disfrutando un barquillo de helado recuerde que fue más el resultado de un intento de última hora para vencer un error devastador, que de un genio creativo. Haga hoy la promesa de buscar la oportunidad que se esconde detrás de la crisis.

¡Éste es el día!

E n estos tiempos se habla mucho de las diversas teorías sobre la planificación financiera. Mientras que la bolsa de valores es como una montaña rusa, parecen proliferar los "expertos financieros" que le dicen lo que usted tiene que hacer con su dinero.

La planificación financiera es vital pero no necesariamente el tipo que los "expertos" quieren que usted apoye. Cómo usted utilice su dinero y las prioridades financieras que usted establezca tendrá mucho que ver con la manera en que usted vive su vida. Se parece mucho a pedir la comida en un restaurante. No hay respuestas correctas o incorrectas, pero si usted toma el consejo de un "experto", puede que acabe comiendo hígado cuando realmente quería comer mariscos.

Cuando usted realmente lo analiza, hay sólo tres cosas que su dinero puede comprar. Usted puede gastar su dinero en cosas, recuerdos o seguridad. Nuevamente, entre las tres opciones no hay respuestas correctas e incorrectas. Como en la mayoría de los casos, la clave para la felicidad es un grado de equilibrio y preferencias personales.

> Las experiencias y los recuerdos no son suficientes para sostenerlos cuando se retiran o cuando pasan por una crisis financiera.

Todos hemos visto personas que exageran al comprar cosas. Necesitan tener el auto más nuevo y la última moda. Aunque no hay nada intrínsecamente malo en tener cosas, si esa es su única meta en la vida jamás estará completamente satisfecho. Los publicistas de Madison Avenue en la ciudad de Nueva York trabajan horas extras para asegurarse de que siempre haya algo nuevo que usted necesite tener para sentirse bien consigo mismo, si usted es una de esas personas dominadas por las cosas que tiene o, dicho de manera apropiada, por las cosas que se han adueñado de usted.

Existen aquellos que gastan su dinero en crear experiencias maravillosas que se traducen en recuerdos que nunca les pueden ser quitados, es una meta extraordinaria si se mantiene en equilibrio. Pero si usted exagera para crear los recuerdos y las experiencias, usted se convierte en un afiliado del club "comamos y bebamos que mañana moriremos". Muchas personas han descubierto que las experiencias y los recuerdos no son suficientes para sostenerlos cuando se retiran o cuando pasan por una crisis financiera.

La seguridad es una meta importante, pero usted no puede invertir todo su dinero para cuando lleguen "los tiempos malos". Si no es cuidadoso, puede perderse la maravillosa experiencia del presente y luego ver que los tiempos malos pudieran no llegar. Busque el equilibrio entre las cosas, los recuerdos y la seguridad, y usted será su propio experto en finanzas.

¡Éste es el día!

L a palabra "empresario" ha llegado a significar una persona que hacia negocios propios. Aunque no estoy en desacuerdo con esta definición, ¿acaso no todos hacemos negocios propios? Hasta el gerente intermedio más afianzado en medio de una enorme burocracia empresarial realmente está haciendo negocios propios. Hace varios años se desarrolló el término "intrapreneur" para referirse a aquellas personas o grupos que tenían cierta autonomía dentro de una estructura corporativa. Al ampliar esa definición debemos entender que todos hacemos negocios para nosotros mismos.

Hay una gran campaña en el mundo corporativo de los Estados Unidos para tener una declaración de propósitos o una meta en la empresa. Cuando uno quita toda la gente, no hay empresa. Por lo tanto, una empresa no puede tener una meta o una declaración de propósitos. En cambio la declaración de propósitos sería una compilación de todas las esperanzas, sueños y aspiraciones individuales de las personas que trabajan allí.

Una buena meta corporativa sería una meta que se alcance cuando cada una de las personas dentro de la empresa logren, en conjunto, sus propias metas, y de esa manera logren el objetivo de la empresa. En el mundo

> Con más frecuencia las personas se motivan al ser reconocidas, al sentirse valiosas y al tener un sentido de logro dentro del contexto más amplio.

corporativo norteamericano con demasiada frecuencia se pide a personas, que no tienen otra alternativa, que apoyen las metas de la empresa. Aunque estas exigencias darán apoyo sólo de labios para afuera, no lograrán la pasión que se necesita para lograr la excelencia.

Es importante descubrir qué motivará a las personas con quienes usted trabaja. No siempre es el dinero, los títulos, las grandes oficinas o un espacio reservado para estacionarse. Aunque estas cosas tienen su lugar, con más frecuencia las personas se motivan al ser reconocidas, al sentirse valiosas y al tener un sentido de logro dentro del contexto más amplio.

Muchas empresas tienen una política de que cada empleado debe ser evaluado mensual o trimestralmente de acuerdo a su desempeño. En lugar de que un ejecutivo revise de manera arbitraria el rendimiento de un empleado, yo preferiría que ese ejecutivo le preguntara al empleado: "¿Cuáles son sus metas para el próximo mes y cómo podemos ayudarle a lograrlas?"

Sólo cuando nos damos cuenta de que todos estamos en lo mismo es que entendemos la importancia de tener a todos halando en la misma dirección. No es crucial que todo el mundo en una empresa entienda el mismo panorama general. La próxima vez que usted se suba a un avión mire a los otros pasajeros que le rodean y entienda que durante las próximas horas todos irán al mismo lugar, pero no tiene en mente los mismos objetivos. Algunas personas van en un viaje de negocios mientras que otros regresan a casa. Algunos de los pasajeros que le acompañan harán conexiones con otros vuelos mientras que algunos tendrán que manejar mucho al terminar su vuelo. Hay tantas razones para viajar como personas en el avión, pero, a corto plazo, todos estarán de acuerdo en el destino y estarán halando en la misma dirección.

Véase a sí mismo y a las personas con quienes usted trabaja como empresarios individuales con sus propias metas, talentos y pasiones. Cuando usted descubra estos secretos interiores de las personas que le rodean, encontrará la clave para el éxito individual y corporativo.

¡Éste es el día!

Muchos de nosotros tomamos un día libre en nuestras ocupadas agendas para celebrar el Día del Trabajo. Para la mayoría de las personas de todo el país el Día del Trabajo representa el último fin de semana largo del verano. Es una nueva oportunidad para ir a la playa, al lago o a nuestro sitio favorito para acampar. El Día del Trabajo nos da una buena oportunidad para meditar en esta cosa que llamamos "trabajo".

Aparte de nuestro nombre no hay nada en nuestra sociedad que nos defina mejor que nuestro trabajo. Cuando conocemos a un extraño, luego del obligatorio intercambio de nombres, la pregunta y el tópico de conversación más cómodo es el trabajo. "¿A qué se dedica usted?" No sólo son los otros quienes nos definen según nuestro trabajo, sino nosotros mismos.

El ya fallecido George Burns dijo una vez: "Si usted ama su trabajo, nunca trabajará ni un día". La razón por la que el señor Burns vivió y trabajó la mejor parte de todo un siglo fue porque era obvio que amaba su trabajo. Cuando uno piensa en el ritmo acelerado y en los horarios apretados, es muy probable que usted pase mucho más tiempo con las personas con quienes trabaja que con su familia. Si vamos a definirnos según nuestro trabajo, que aquellos que nos rodean nos identifiquen por nuestra profesión y pasar más tiempo trabajando que lo que

> No esté tan ocupado por ganarse la vida que se olvide de crear una vida.

hacemos con las personas que amamos, ¿no es crucial que escojamos la trayectoria profesional adecuada?

Si usted no encuentra el poder, la pasión y la satisfacción en su trabajo cotidiano, es hora de que empiece a hacer planes para cambiar. La mayoría de nosotros, si somos verdaderamente honestos, escogemos nuestra profesión por razones monetarias. Esto es un grave error. Aunque entiendo la naturaleza imperiosa de pagar las cuentas, aquellos que mejor se desempeñan en cada esfera son muy bien compensados.

No esté tan ocupado por ganarse la vida que se olvide de crear una vida.

¡Éste es el día!

S eguro que usted ha oído decir que dos cabezas piensan más que una. Esto dependería, por supuesto, de cuáles dos cabezas estemos hablando pero, si todas las cosas son iguales, hay fuerza y sabiduría en los números. Mientras más avance usted en la montaña del éxito, menos poblado será el camino. Los logros y la excelencia producen un grado de aislamiento.

Nadie nunca debiera tomar una decisión de manera aislada. Sin embargo, a medida que usted se acerca más y más a sus metas se hace más difícil encontrar personas cuyos consejos y sugerencias sean adecuados.

Una de las claves al buscar consejo es nunca pedirlo a alguien si esa persona todavía no tiene lo que usted está tratando de obtener para lograr sus propias metas. No es crucial que estén optando por lo mismo, pero es vital que compartan los elementos fundamentales de su éxito.

> Encuentre personas con ideas afines a las suyas, que estén transitando por el mismo camino o al menos por un camino similar hacia el éxito.

En una entrevista Tiger Woods reveló que él, Charles Barkley y Michael Jordan hablan ya sea por teléfono o en persona un mínimo de una vez por semana. Ellos han descubierto que comparten desafíos en la vida en cuanto a su rendimiento deportivo, el éxito financiero y vivir ante la opinión pública. El hecho de que Tiger Woods es un jugador de golf y Michael

Jordan un jugador de baloncesto realmente no es importante con respecto a estas esferas de interés común.

Ya sea que estos deportistas de alto rendimiento lo sepan o no, hechos han formado un grupo de expertos. Un grupo de genios no es nada más que un grupo de personas de ideas afines que están lidiando con los mismos obstáculos y desafíos. Hace poco yo formé un grupo similar con otros cuatro colegas que también se dedican a hablar en público. Todos hablamos sobre temas diferentes y nos movemos en círculos diversos, sin embargo, cuando se trata de los desafíos cotidianos que rodean al éxito y crecimiento de nuestros negocios, estamos en el mismo juego. Ponemos nuestras propias reglas y cada uno establece sus propias metas. Dependemos unos de los otros para recibir opiniones honestas y para rendirnos cuentas.

Le animo a que encuentre personas con ideas afines a las suyas, que estén transitando por el mismo camino o al menos por un camino similar hacia el éxito, y que forme su propio grupo de expertos. Los dividendos que usted tanto dará como recibirá serán inmensurables.

¡Éste es el día!

A quí en Tulsa, Oklahoma, acabamos de experimentar una de nuestras cortas tormentas anuales de nieve e hielo. Llegan lo suficientemente a menudo como para recordarnos que todavía estamos en invierno, pero con frecuencia suficiente que no podemos prepararnos adecuadamente.

Cada año, luego de nuestra somera tormenta invernal, aparece el mismo viejo argumento: "¿Por qué no tenemos quitanieves y otros equipos adecuados para ocuparnos de esta situación?" No estoy diciendo que no pudiéramos estar mejor preparados; sin embargo, la respuesta obvia es que no podemos justificar el compromiso y los gastos necesarios para prepararnos para algo que sucede de manera tan ocasional.

Los mismos argumentos de "estar preparados" surgen cuando examinamos los negocios y las finanzas personales. Hay personas que gastan todos sus recursos preparándose para cuando vengan los tiempos difíciles y otras personas van al otro extremo. Creen que deben comer, tomar y ser felices "porque mañana moriremos". Este argumento de vivir el ahora versus el argumento de la seguridad es algo que enfrentamos a diario, no sólo cuando cae nieve.

> Aunque todos los riesgos no pueden evitarse, debemos manejar aquellos que tienen más probabilidad de cruzarse en nuestro camino.

El dinero es una herramienta y por lo tanto, sólo puede comprarnos cosas, recuerdos o seguridad. Aquellos que invierten demasiado en la seguridad pronto aprenden que todos tenemos que vivir y la única cosa que nos ofrece la seguridad es la oportunidad de vivir y experimentar la vida en el futuro. Si la seguridad sólo le permite cambiar las experiencias de hoy por aquellas que usted pudiera experimentar en el futuro, el cambio es malo.

Por otro lado, si usted gasta todos sus recursos en experiencias de hoy sin pensar en el futuro, es como el campesino que se come el trigo de la siembra. Puede tener un banquete de inmediato pero cuando llegue la cosecha estará muriéndose de hambre.

Como alguien que comenzó su carrera como un agente de inversiones, comprendo que en muchas de estas decisiones no hay respuesta correcta o incorrecta. Todo depende del temperamento de cada organización o individuo. Todos debemos preguntarnos: ¿Cuánto podemos tolerar los riesgos y cómo podemos sobrevivir en el peor de los casos? Aunque todos los riesgos no pueden evitarse, debemos manejar aquellos que tienen más probabilidad de cruzarse en nuestro camino.

Mírese al espejo y busque respuestas honestas dentro de sí mismo, y luego usted encontrará el equilibrio entre vivir hoy y disfrutar el mañana.

¡Éste es el día!

L a primavera es la época del año cuando muchos de nosotros decidimos limpiar los armarios, los áticos y los garajes. Debo reconocer que esta época del año me trae una esperanza y energía renovadas, pero nunca me ha provocado un deseo abrumador de limpiar. Sin embargo, a medida que exploramos la nueva vida que nos rodea, puede que sea el momento para hacer una limpieza general en cuanto a nuestras vidas.

Piense en todos los viejos hábitos que tenemos sin otro motivo que el hecho de que siempre lo hemos hecho así y explore cuál de esos nos impiden estar donde queremos estar. Muchos de nuestros hábitos necesitan una limpieza general profunda. La primavera es un tiempo maravilloso en el año para examinar nuestros hábitos y la manera en que invertimos nuestro tiempo, esfuerzos y energía y determinar si vale la pena mantener estos patrones.

Es muy probable que con toda seguridad usted pueda eliminar cualquier cosa en su closet que usted no haya usado durante un año. Cualquier hábito en el que usted no haya pensado en igual cantidad de tiempo necesita ser sacado a la luz del día y ser explorado realmente por su valor o por la falta del mismo.

> Nosotros tenemos el privilegio, entre todas las criaturas, de determinar cuáles serán nuestros hábitos.

Así como dos cosas no pueden ocupar el mismo espacio, y el universo no permite que exista un vacío, hay que reemplazar los hábitos malos o improductivos con buenos hábitos. Los psicólogos nos dicen que cualquier cosa que hagamos durante veintiún días comenzará a convertirse en un hábito. Esto quiere decir que en el día número veintidós, si usted no realiza la actividad ritual, parecerá como que algo falta.

Si en realidad somos "animales de costumbre", es nuestro deber formar buenos hábitos. Todas las criaturas del reino animal tienen hábitos. A estos se les llama instintos. Nosotros tenemos el privilegio, entre todas las criaturas, de determinar cuáles serán nuestros hábitos.

Usted está a una decisión de distancia de cualquier cosa que quiera, porque usted cambia su vida cuando cambia su manera de pensar. Cuando usted cambie su manera de pensar, cambiará sus hábitos y cambiar sus hábitos sin lugar a dudas cambiará su vida.

¡Éste es el día!

C uando se trata de la profesión, uno de los sueños más grandes de muchas personas es tener su propio negocio. Este sueño dibuja una imagen mental de ser el capitán de su propio barco y estar en control del destino de uno mismo. La mayoría de las personas consideradas como un éxito de talla mundial en los negocios son dueñas o al menos dirigen sus propias operaciones. Para la persona idónea no hay nada mejor que ser dueña de su propio negocio. Para la persona errónea no hay nada peor que ser dueña de su propio negocio. Para la persona idónea comenzar o dirigir una empresa se convierte en algo liberador, estimulante en el sentido creativo y vigorizante. Para la persona errónea se convierte en algo lleno de presiones, que confina y paraliza.

Hay varios obstáculos que usted debe considerar antes de comenzar o de dirigir su propio negocio. Estos obstáculos se basan uno en el otro. Usted no pasa al segundo hasta que haya pasado exitosamente por el primero, y a menos que usted los haya vencido todos, no debe ni siquiera considerar hacer negocios pos si sólo. Una vez que haya vencido el último obstáculo, eso no quiere decir que usted ganó la carrera. Significa que usted califica para dar los pasos iniciales en la competencia de adueñarse y dirigir su propio negocio.

Recuerde siempre que no tiene nada de malo no ser dueño de un negocio, ni líder ni empresario. Hay cientos de personas que funcionan de manera valiosa y profesional dentro de la estructura empresarial de otra persona. Esto no lo hace malas personas. Por el contrario, los hace gente muy buena en lo que respecta a encajar en un equipo vibrante.

Cada uno de los obstáculos siguientes deben vencerse con éxito antes de seguir adelante con la posibilidad de siquiera considerar comenzar o dirigir su propio negocio.

Obstáculo 1: Evalúe su temperamento honestamente para determinar si a usted le viene bien ser un empresario o dueño de negocio. ¿Es usted líder? ¿Disfruta usted trazar su propio camino o preferiría seguir la dirección de otra persona o una descripción detallada de su puesto de trabajo y trayectoria profesional? Pida a amigos, compañeros de trabajo y familiares que serán honestos con usted que también evalúen su temperamento. A menudo aquellos que nos rodean pueden ver nuestros puntos fuertes y nuestras debilidades con más claridad que nosotros mismos.

Obstáculo 2: Determine si usted tiene un talento, habilidad u oportunidad únicos. Seguro usted ha oído decir que si usted ofrece un mejor servicio, los clientes tocarán a su puerta. Obviamente, lo mejor sería ser el primero en ofrecer ese servicio. Si no, usted debe decidir si su servicio realmente es mejor y si tiene o un mejor costo o una ventaja competitiva en la calidad en comparación con los que ya están en el mercado. Usted también debe evaluar si hay posibles clientes suficientes en el mercado que usted se propone alcanzar. No está de más hacer hincapié en este punto. Cada día los empresarios fracasan porque no son honestos consigo mismos. Creen que tienen un talento, producto o mercado únicos que nadie más tiene.

Obstáculo 3: ¿Tiene usted capital suficiente? La mayoría de los empresarios le dirán que el término "capital suficiente" no existe. Esa afirmación encierra más verdad de la que uno pudiera imaginar. Cuando usted hace negocios por su cuenta, todo demora más, cuesta más y es más difícil de lo que usted imaginaba. Esto no es una manera negativa de pensar. Es la experiencia real de la mayoría de los dueños de empresas. Hay demasiados posibles empresarios que basan sus proyecciones en el famoso "mejor de los casos". Sería mucho mejor que usted basara sus proyecciones "en el peor de los casos" e incluso reducirlo a la mitad. Si usted puede sobrevivir en ese medio, tiene una probabilidad excelente de lograrlo. El único pecado cardinal en la planificación de los negocios es quedarse sin dinero. El dinero le ofrece tiempo, segundas oportunidades y muchas lecciones. Con dinero usted es como un piloto que vuela a 40,000 pies (12 mil metros) de altura. A esta altitud se puede lidiar con cualquier problema. Usted tiene mucho tiempo para hacer correcciones, elaborar planes de contingencia y buscar alternativas. Sin capital suficiente usted es como ese mismo piloto que vuela a 100 pies de altura (30 metros). Usted puede volar con éxito si todo marcha bien, pero si hay algún problema mecánico, problemas con el combustible o cortes en el viento, usted está destinado a estrellarse y quemarse.

Obstáculo 4: ¿Siente usted pasión por su nuevo negocio? Este pudiera ser el obstáculo más importante de todos. Tiene que ser más que una buena idea o un negocio atractivo. Usted tiene que estar dispuesto a vivir, comer y respirar su nueva aventura porque la realidad es que probablemente se vea obligado a hacerlo. Convertirse en un empresario significa que usted está dispuesto a hacer cosas que la mayoría de las personas no está dispuesta a hacer. Esto sólo es posible cuando uno siente una pasión increíble para ir tras sus sueños de ser dueño de su propio negocio.

Si usted ha vencido estos cuatro obstáculos, puede que esté listo para acercarse a la línea de arrancada. Si de hecho usted va a lanzar su propio negocio recuerde, por encima de todo, el mejor consejo que yo haya escuchado jamás acerca de hacer negocios por cuenta propia: Asegúrese de estarse divirtiendo. Usted se metió en esto porque pensó que los disfrutaría. Si usted no disfruta hacer negocios por su cuenta, le irá mucho mejor tener un trabajo donde trabaje para otra persona.

En sus marcas, listos, ¡ya!

¡Éste es el día!

T odos hemos tenido algún lapso breve de la memoria durante el que se nos olvida el nombre de una persona, un teléfono o sencillamente qué fuimos a buscar a una determinada habitación. Aunque estas cosas pueden ser molestas, por lo general no son cruciales para nuestro éxito y felicidad en sentido general. Por otro lado, lo que sí es crucial para nuestro éxito y felicidad en sentido general es escribir los elementos importantes de la vida.

La mayoría de las personas no pensaría en ir al mercado sin una lista escrita de las cosas que quieren comprar. Pero esas mismas personas pudieran reírse si usted les pidiera que escribieran las metas de su vida, sus objetivos o sus ideas creativas. Estas son ideas poderosas y merita el esfuerzo necesario escribirlas para que usted pueda consultarlas en el futuro.

Muchos de nosotros hemos tenido la experiencia frustrante de tener una gran idea o pensamiento en medio de la noche y luego quedarnos dormidos, convencidos de que en la mañana, cuando pongamos en práctica nuestra idea, todo será maravilloso. Sin embargo, a la mañana siguiente, aunque nos acordamos de que tuvimos una gran idea o pensamiento, sencillamente no podemos recordar qué fue. Sería imposible medir el número de ideas, pensamientos creativos y des-

> Adquiera el hábito de reconocer e identificar grandes ideas, pensamientos y metas.

cubrimientos maravillosos que nunca verán la luz del día porque alguien no los tomó en serio lo suficiente como ponerlos por escrito. Yo llevo años escribiendo estas columnas semanales. Cuando terminé mi primera columna estaba convencido de que tenía toda la sabiduría y conocimiento que yo poseía. Entonces, luego de la segunda y tercera semanas, yo estaba convencido de que se me estaba acabando el material, pero en algún momento, adquirí el hábito de anotar tantas ideas como fuera posible cuando me vinieran a la mente. A veces durante reuniones en la oficina o durante varias conversaciones, uno de los miembros de mi equipo exclama con entusiasmo: "¡Eso sirve para una columna!" Y me doy cuenta de que estuve a punto de pasar por alto la semilla para una buena idea.

Adquiera el hábito de reconocer e identificar grandes ideas, pensamientos y metas. Entonces asegúrese de anotarlos. Si eso funciona con su lista de compras, entonces es bueno para su vida.

¡Éste es el día!

E n los negocios, y en la vida, una de las claves para el éxito es evitar las malas situaciones. Lamentablemente las malas situaciones rara vez llegan con una etiqueta que las identifique como tal. La experiencia y la madurez nos traen la capacidad de identificar las malas situaciones más temprano o al menos antes de que ocurran pero siempre enfrentamos el desafío.

Hace varios años encontré un principio significativo acerca de la toma de decisiones al que denomino "acelerar el punto de falla". La esencia de este principio es que cuando se trata de malas situaciones lo mejor es identificarlas antes de que uno se involucre, sin embargo, si usted ya está involucrado, es crucial identificar esa mala situación y eliminarla tan pronto como sea posible. Lo único peor que fracasar hoy en un empeño es trabajar duro durante un año y luego darse cuenta de que dicho empeño estaba destusado al fracaso desde el principio. Si un eslabón débil o un elemento crucial están pendientes de un hilo, lo mejor es sacar a la luz dicha debilidad y lidiar con esta de inmediato en lugar de seguir esperando.

> Evite las malas situaciones cuando pueda, pero cuando no pueda, sáquelas a la luz y elimínelas tan pronto como sea posible.

Supongamos que usted está construyendo una casa y lo único que hace que el proyecto sea factible desde el punto de vista financiero es usar un nuevo material impermeable para techos que le fue presentado por un dudoso vendedor. Parece demasiado bueno para ser verdad porque es muy barato, pero el vendedor le garantiza que es impermeable. Normalmente este material para techos sería lo último que usted aplicaría a su casa nueva; sin embargo, el principio de "acelerar su punto de falla" nos dice que, en lugar de esperar al último minuto para determinar si dicho material tiene el rendimiento prometido, lo que hay que hacer es probarlo ahora para ver si funciona. Si funciona como se le prometió, usted puede seguir adelante y construir su casa con confianza; sin embargo, si no funciona como se le prometió, usted ni siquiera echará los cimientos, mucho menos completar el 99 por ciento del trabajo, antes de determinar que su proyecto estaba destinado a fracasar. Al quitar el eslabón débil de la cadena al principio en lugar de al final, usted puede ahorrarse una cantidad increíble de tiempo, esfuerzo, energía y recursos.

Evite las malas situaciones cuando pueda, pero cuando no pueda, sáquelas a la luz y elimínelas tan pronto como sea posible.

¡Éste es el día!

E l éxito en los negocios o en la vida personal es un resultado de vencer los problemas. Lo único necesario para tener una gran idea es ocuparse de sus actividades cotidianas y esperar a que surja un problema. Pregúntese: "¿Cómo puedo evitar o vencer este problema?" Su respuesta es una gran idea. Lo único que usted necesita hacer para tener una gran oportunidad en los negocios es preguntarse a sí mismo: "¿Cómo puedo ayudar a otras personas a evitar o vencer ese mismo problema?" Su respuesta será una oportunidad.

Solucionar los problemas requiere una perspectiva diferente. Albert Einstein dijo: "Es imposible resolver un problema con la misma mentalidad que creó el problema". Cuando usted observa un grupo de circunstancias y las considera un problema, recuerde que fue su mente la que creó el problema. Las mismas circunstancias, vistas por otra persona, pudieran no parecer un problema. Para ellos pudiera parecer una oportunidad o una breve desviación en el camino al éxito.

> No tenga miedo de abrazar un problema y analizarlo desde todos los puntos de vista.

Para todas las personas que identifican problemas y sencillamente detienen todo el progreso hacia sus metas, yo puedo mostrarles más personas con las mismas circunstancias que han usado sus problemas como trampolines hacia un éxito y oportunidades mayores. A menudo los problemas son como el escenario de una película de horror. Parecen muy espeluznantes y amenazadores a primera vista, pero si usted camina alrededor del mismo y obtiene otra perspectiva, descubrirá que no es más que lienzo y cartón sostenidos por unos cuantos postes de madera.

No tenga miedo de abrazar un problema y analizarlo desde todos los puntos de vista. Busque las opiniones de otros a quienes usted respeta, pero no contamine la manera de pensar de ellos al identificar las circunstancias como un problema. Sencillamente, exponga los hechos y busque la perspectiva de ellos con respecto a la situación. Los problemas y oportunidades rara vez llegan con esa etiqueta.

Busque el beneficio. Busque el tesoro escondido. Siempre encontrará lo que está buscando. Si usted pasa este día buscando problemas, los encontrará. Pero en cambio si busca soluciones y oportunidades, aparecerán por todas partes. Decida buscar la clave para su éxito en cada situación.

¡Éste es el día!

E l concepto de justicia es muy difícil de alcanzar. Es algo por lo que siempre debemos luchar al tiempo que entendemos que nunca puede lograrse. Gran parte de la hostilidad, ansiedad y estrés que las personas experimentan en la actualidad se debe a que asumen que habrá justicia. De una vez y por todas despejemos este antiguo mito. La vida no es justa.

Esto no significa que debamos aceptar las desigualdades como parte de nuestra vida pero sí significa que vivimos en un mundo imperfecto, y que todos estamos sujetos a sus caprichos.

Hace poco conversé con un amigo quien es un abogado reconocido. Acababa de regresar de un viaje de trabajo a California. Durante su estancia hizo una reservación en un restaurante eminente junto al océano para cenar una noche. Mientras estaba haciendo la reservación pidió específicamente una mesa al aire libre y preguntó al maestre sala si podría fumar un tabaco afuera luego de la cena. El maestre sala le aseguró que confirmaría su reservación para una mesa al aire libre y que sí podía fumar su tabaco luego de la cena.

En la noche señalada, mi amigo tuvo una cena maravillosa y luego, sacó uno de sus preciados tabacos y lo encendió, preparado para disfrutar la puesta del sol en el océano Pacífico. Inmediatamente se le acercó el camarero y le informó que no podía fumar el tabaco

> La vida sí premia a aquellos que sacan el mayor provecho a cada situación.

porque iba contra la política del restaurante y, más aún, en contra de la ley de California. Mi amigo explicó que ya había hablado con el maestre sala y que le habían asegurado que no había problemas. A pesar de todo el camarero insistió en que apagara el tabaco y lo dejó sentado con su tabaco apagado mientras el sol se hundía lentamente en el océano.

Mi amigo se enfrentó en ese momento con el dilema que todos tenemos que enfrentar de vez en cuando. La vida no es justa. Echarle la culpa a alguien o buscar un culpable no hace que la injusticia sea un poco más agradable.

Mientras usted vive su día decida buscar la justicia en todos sus tratos pero acepte la injusticia con tanta gracia y dignidad como pueda reunir. De hecho la vida sí premia a aquellos que sacan el mayor provecho a cada situación.

¡Éste es el día!

C ada año cuando el almanaque comienza de nuevo, los seres humanos del mundo entero se involucran en varias conductas raras. Muchas personas entran al nuevo año ingiriendo una cantidad excesiva de comida y bebidas alcohólicas, luego hacen el famoso conteo regresivo hasta llegar al feliz año nuevo y comienzan durmiendo hasta tarde el primer día y sufriendo los efectos de demasiada comida y bebida. Luego llega el momento de la lucha anual con los buenos propósitos para el nuevo año.

Escribir un nuevo año en los cheques y en la correspondencia tiene algo que hace que las personas se planteen propósitos absurdos. Yo he escrito algunos libros relacionados con el establecerse metas y alcanzar los objetivos de la vida. Yo soy un defensor de plantearse buenos propósitos; sin embargo, mi método es muy diferente de la manera fortuita e improvisada en que las personas se plantean sus propósitos para el año nuevo. Estos no sólo no funcionan sino que se convierten, en muchos casos, en algo contraproducente.

> Decida este día ponerse una meta real que verdaderamente le importe.

Cada vez que nos ponemos una meta en esencia estamos haciéndonos una promesa a nosotros mismos. Si no podemos cumplir la promesa porque, para empezar, no lo tomamos lo suficientemente en serio, o si nos hemos puesto una meta poco realista, es mucho más difícil alcanzar otras metas a lo largo del camino. Si hay cambios que usted quiere hacer en su vida o metas que quiere comenzar a alcanzar, enero no es un momento mejor ni peor que cualquier otro.

Cuando usted se ponga una meta, ya sea ahora o después, asegúrese de que esta cumple con los siguientes parámetros.

1. Asegúrese de que la meta le pertenece. Usted no puede bajar de peso, dejar de fumar o comenzar a ser responsable en el sentido financiero porque su cónyuge o su suegra creen que debe hacerlo. La meta debe ser suya.

2. Asegúrese de que su meta sea realista. No se aliste para el fracaso antes de empezar. Busque gente que haya tenido éxito para lograr la meta que usted está buscando y siga su modelo.

3. Establezca un ritmo que sea sostenible. Es mucho más importante que ponga la mira en el nivel al que usted quiera estar dentro de un año que tratar de exagerarlo de manera no realista hoy.

4. Disfrute el proceso. Si usted va a lograr cosas en esta vida, pasará más tiempo escalando montañas que sentado en la cima. Aprenda a disfrutar el camino, no sólo el destino.

Decida hoy ponerse una meta real que verdaderamente le importe o que lo libere del peso para alcanzar los buenos propósitos el año nuevo.

¡Éste es el día!

E n nuestro mundo agitado y acelerado a menudo parece que hemos sido llamados a hacerlo todo mejor y más rápido. Aunque desempeñarnos bien es sin duda un empeño admirable, algo tiene que cambiar. No estoy sugiriendo, ni sugeriría jamás, que usted no dé lo mejor de sí. En cambio, lo que sí estoy sugiriendo es que todos tenemos que aprender a escoger nuestras batallas.

Cada día necesitamos concentrarnos en las cosas que son necesarias para llevarnos a nuestras metas personales y profesionales. Muy a menudo las cosas que crean estrés en nuestras vidas son las exigencias de otras personas que tratan de lograr sus metas personales o profesionales.

Me contaron lo que decía la placa que tenía en la pared una asistente ejecutiva de alto nivel: "Su nivel actual de estrés, resultado de su poco rendimiento o de su falta de planificación, no es problema mío". Aunque esto tiene la intención de ser cómico, sí encierra una verdad.

En su libro *First Things First*, el Dr. Stephen Covey explora las diferencias entre las cosas importantes y las cosas urgentes. En este mundo muchas cosas parecerán urgentes porque alguien está imponiéndole sus prioridades

> Cada día necesitamos concentrarnos en las cosas que son necesarias para llevarnos a nuestras metas personales y profesionales.

o metas. Por otro lado, rara vez es crucial en el sentido del manejo del tiempo hacer las cosas importantes. La planificación a largo plazo, el desarrollo personal y los contactos profesionales son todos vitales para el éxito a largo plazo, pero rara vez tienen un sentido de urgencia que requiera que usted los ponga en práctica éste mismo día.

Cuando usted analice su lista de cosas por hacer cada día, trate de ponerla en orden como si en algún momento del día le fueran a interrumpir y no pudiera regresar a su lista. Determine cuál es la tarea más importante y hágala primero. Además, mientras analiza su lista de cosas por hacer, al final de cada tarea hágase la pregunta vital: "¿Y si no lo hago?" Si no hay una buena respuesta para esa pregunta, probablemente usted deba eliminar, posponer o delegar esa actividad.

No quede atrapado en la competitividad moderna de desempeñarse bien mientras hace las cosas equivocadas. Usted decide qué juegos jugará y cuán bien lo hará.

¡Éste es el día!

V ivimos en los tiempos más prósperos en la sociedad más rica que se haya conocido jamás en la faz de la tierra. Cada año surgen más millonarios que en cualquier año anterior.

A pesar del pesimismo en Wall Street, los ricos realmente se vuelven más ricos. Lamentablemente, los pobres también se vuelven más pobres. Lo que ha hecho que nuestra sociedad sea grande en el sentido económico es el hecho de que tenemos una clase media activa y poderosa. Hoy día, muchos de la clase media están en el límite entre la riqueza y la pobreza. Las decisiones que tomen tendrán un impacto en su futuro y en el de su familia.

Asombrosamente, la clave para la riqueza o el éxito financiero, no es el dinero. En realidad la clave es el conocimiento. Si usted dividiera todo el dinero del mundo en partes iguales entre sus habitantes, en unos pocos años todo ese dinero volvería a su lugar de origen. Las personas que tienen éxito en las finanzas alcanzan sus metas porque han obtenido cierto conocimiento y luego aplican ese conocimiento diariamente a sus finanzas profesionales y personales.

Al igual que en cualquier otra esfera del éxito, si queremos alcanzar el éxito financiero lo único que tenemos que hacer es seguir a las personas que han triunfado financieramente antes que nosotros. Aunque hay muchos caminos hacia el éxito financiero, hay unas pocas características que poseen todas las personas que acumulan y mantienen las riquezas.

1. Usted debe gastar menos de lo que gana y luego ahorrar e invertir la diferencia. Usted no puede llegar a la prosperidad con dinero prestado. Esta es la clave fundamental para el éxito financiero que se aplica ya sea que usted trabaje por un millón de dólares al año o por un salario mínimo. Este aspecto de la administración financiera se basa más en principios de dieta que en principios económicos. Requiere una disciplina sistemática. El mito de hacerse rico rápidamente es sencillamente un mito.

2. Nunca tome dinero prestado para nada que pierda valor. La combinación de los intereses con algo que pierde su calor se traducirá en desastre financiero. Lamentablemente, esto va en contra de la mayoría de las personas en nuestra sociedad actual. Ya sea autos, ropa o vacaciones, estas cosas no crean riqueza a largo plazo. Las posibles excepciones a esta regla incluirían pedir dinero prestado para bienes raíces, educación o mejoramiento personal.

3. Usted debe entender y comenzar a aplicar el principio de la capitalización. Yo llamaría a la capitalización la Octava Maravilla del Mundo. Muchas personas comprenden cómo funciona esto con respecto a Visa y MasterCard, pero no tienen idea de que este mismo principio les puede funcionar si sencillamente ahorran e invierten.

Cuando usted examina sus metas financieras, no hay respuestas correctas o incorrectas. El dinero no es más que una herramienta para hacer que su vida y la de su familia sean lo que usted quiere que sean. Al final de la jornada, el dinero sólo puede comprar tres cosas. El dinero puede comprar cosas, puede comprar recuerdos y puede comprar seguridad. Probablemente se requiera un equilibrio entre los tres cuando usted formule sus propias metas financieras a nivel profesional y personal.

Hay demasiadas personas en espera de "ganarse la lotería" cuando, en realidad, nunca "han jugado". Lo único que se necesita para llegar es un poquito de conocimiento y disciplina.

¡Éste es el día!

L a mayoría de las grandes fortunas empresariales y familiares que se han construido en nuestra sociedad se han creado utilizando el principio de la satisfacción retardada. Se gana dinero, se ahorra y se invierte, lo que crea que se gane más dinero, se ahorre y se invierta. En la era posterior a la Segunda Guerra Mundial se hizo prevalente un nuevo fenómeno. Este se conoce como crédito al consumidor.

Los anunciantes nos han dicho: "Usted puede tener lo que quiera ahora y pagar después". Aunque esto es cierto, estrictamente hablando, desde luego que estos anunciantes no nos dicen la historia completa. Nos hemos convertido en una sociedad de deudores. Nuestro dinero a nivel nacional, estatal y local está endeudado, muchos de nosotros hemos hecho lo mismo y hemos tomado prestado hasta el límite. Esta es una tendencia muy preocupante ya que elimina el ciclo de ganar, ahorrar e invertir.

Anterior a la Segunda Guerra Mundial era bastante fácil distinguir a las personas acaudaladas y los miembros de la clase trabajadora; sin embargo, el aumento de la deuda del consumidor y la amplia disponibilidad de crédito fácil han dado a todo el mundo la capacidad de vivir "el estilo de vida de los ricos y famosos". Aunque sin dudas que no hay nada de malo en vivir bien, yo propondré que existe una manera correcta e incorrecta de hacerlo.

> Nunca alguien llegó a la prosperidad mediante préstamos.

Si este día usted está hipotecando su futuro y el de su familia por comodidades y símbolos de prestigio, ese es un camino seguro al fracaso. Lo único que necesitamos hacer para convencernos de que esta tendencia en general es examinar la difícil situación de los jóvenes que están entrando a la fuerza de trabajo. Estadísticas recientes muestran que una de cada cinco solicitudes de declaración de quiebra es presentada por un estudiante universitario. Como alguien que se graduó de la universidad en la década de 1980, esto me resulta asombroso ya que entonces la mayoría de los estudiantes universitarios no tenían siquiera la capacidad de adquirir deudas.

Al parecer en el nuevo milenio uno puede crear una cantidad enorme de deudas incluso sin tener un trabajo o un ingreso de algún tipo. El graduado universitario promedio en la actualidad tiene una deuda estudiantil de $22,800 y $7,300 de deudas en tarjetas de crédito. Esto significa que sin ningún ingreso y prácticamente nada que mostrar en cuanto a sus gastos, los jóvenes promedio inician su profesión con una deuda superior a los $30,000 dólares. Esta es una cifra sorprendente si se considera que se acumula antes de comprar casa, auto y otros artículos grandes.

Recuerde que nunca alguien llegó a la prosperidad mediante préstamos, ya sea un gobierno o una persona. Si usted no puede pagarlo ahora, ¿qué le hace pensar que podrá pagarlo después? Ahorre e invierta. El interés capitalizado puede funcionarle tan bien a usted como a su compañía de tarjeta de crédito.

¡Éste es el día!

L a sabiduría convencional nos enseña que los problemas son cosas malas que hay que evitar a toda costa. Aunque esto es verdad superficialmente, los problemas encierran en sí mismo la clave para grandes ideas y oportunidades fabulosas. Una vez que usted entienda este concepto, comenzará a abrazar los problemas, anticiparlos y hasta hará un esfuerzo por encontrarlos.

Hay tres pasos sencillos para convertir sus problemas en ganancia.

1. Entienda que los problemas representan oportunidades. Estos representan una nueva manera de pensar, actuar y reaccionar. En el pasado usted puede haber visto un problema como una crisis. La letra o carácter chino para crisis se traduce como "oportunidad en un viento peligroso". Los antiguos chinos entendieron que podían enviar sus pequeñas embarcaciones al mar peligroso y, aunque habría problemas que enfrentar, cada oportunidad estaba justo después de aquel viento peligroso. Una vez que usted ha reconocido un problema que experimenta alguien a su alrededor, usted está listo para dar el próximo paso.

> Los problemas encierran en sí mismo la clave para grandes ideas y oportunidades fabulosas.

2. El mundo entero está buscando una gran idea. Lo único que usted tiene que hacer para tener una gran idea es esperar a que aparezca un problema, reconocerlo como tal y preguntarse: "¿Cómo pudiera yo haber evita-

do o resuelto ese problema?" La respuesta a esa sencilla pregunta es una gran idea. Debemos entender que la idea nunca hubiera existido sin el problema. Aquí yace la oportunidad. Una vez que hemos identificado un problema y elaborado una solución, estamos listos para seguir adelante y crear una oportunidad.

3. Si lo único que usted necesita para tener una gran idea es encontrar un problema que esté experimentando y resolverlo, entonces puede decirse que lo único que usted necesita para tener una gran oportunidad de negocios es preguntarse: "¿Cómo pudiera yo ayudar a otras personas a resolver o evitar este mismo problema?" La respuesta a esta pregunta encierra la clave para una gran oportunidad y posible ganancia. Analice cada producto, concepto o negocio exitoso. Usted encontrará en su esencia un producto o servicio que resuelve los problemas de la gente o les ayuda a evitar problemas.

Se trate de un auto, el Internet o un pisapapeles, cada uno a su manera ayuda a las personas a resolver o evitar problemas. La gente le pagará grandes sumas de dinero, ya sea de manera individual o colectiva, una vez que usted pueda identificar y resolver sus problemas. Nunca nadie estará más abierto a sus productos o servicios que alguien que esté experimentando un problema. Si usted llamó a un posible cliente al azar para venderle neumáticos para la nieve, sus reacciones pueden ir desde la indiferencia hasta un rechazo total y absoluto. Por otro lado, si en una ventiscosa mañana invernal usted se cruza con un automovilista que resbaló y cayó en la cuneta, si usted puede ayudarlo a salir de la cuneta y le explica cómo sus neumáticos para la nieve pudieran evitarle ese problema en el futuro, usted se encontrará con un cliente muy abierto y dispuesto. Mientras más intenso e inmediato sea el problema, más ventajosa se convierte la oportunidad.

A partir de hoy comience a ver los problemas de una forma diferente y comience a convertirlos en ideas y luego en ganancias.

¡Éste es el día!

T odo el que trabaja para ganarse la vida es o un empresario o trabaja para un empresario. Si usted trabaja para una empresa pequeña o una empresa joven, esto será evidente para usted. Si usted trabaja para una sociedad grande, puede que necesite dar un vistazo histórico para comprender que una vez esa grande organización multinacional no era más que una idea en la mente de un empresario. Incluso si usted trabaja para el gobierno, su salario proviene de los impuestos que pagan empresarios fructíferos y muy trabajadores.

Yo me siento muy orgulloso de considerarme un empresario y he estudio las vidas y carreras de muchos empresarios a lo largo de los años. La mayoría de los empresarios son creativos, dinámicos y están muy enfocados. Comparten muchas características uniformes pero el factor que está personificado en cada empresario es la tenacidad. La actividad empresarial presentará miles de oportunidades para claudicar. Con tenacidad es imposible fracasar. Sin esta es imposible triunfar. El mundo le pertenece al hombre o a la mujer que sencillamente se nieguen a claudicar.

> La solución y la clave para su éxito están detrás de su próximo intento.

Pudiéramos colocarle en la base de bateo en el último juego de la Serie Mundial y, ya sea que usted haya practicado el bateo alguna vez o no, si le diéramos un número ilimitado de oportunidades al bate le garantizo su éxito final si usted se negara a claudicar.

Tengo una amiga querida que acaba de comenzar un nuevo negocio. Ella está enfrentando las barreras inevitables que todos los empresarios confrontan. Su persistencia y tenacidad me hacen sentirme orgulloso de ser su amigo.

Ya sea que se trate de Thomas Edison, Henry Ford, o de mi amiga, la opción de claudicar debe ignorarse y la oportunidad de intentarlo de nuevo siempre debe buscarse. Siempre hay, inevitablemente, una opción o posibilidad más por explorar. Ya sea en su vida personal o profesional, si usted cree que ya pensó en todo, no es así. Si cree que ya lo probó todo, no es así. Si cree que llegó al límite, no es así.

Dé por hecho que la solución y la clave para su éxito están detrás de su próximo intento. Su cambio radical está más cerca de lo que se imagina.

¡Éste es el día!

E l éxito, ya sea en su vida personal o profesional es un resultado de tomar buenas decisiones. Las buenas decisiones son el resultado de recopilar toda la información pertinente y usar el buen juicio. El buen juicio proviene de la experiencia, usualmente la experiencia de vencer un problema o un desafío. Hay demasiadas personas que se apresuran a tomar una decisión o a emitir un juicio.

Lo primero que usted necesita hacer cuando enfrente una decisión es determinar hasta cuándo puede demorarse para finalizar su elección sin que le perjudique. La procrastinación rara vez se considera un rasgo admirable pero a menudo, cuando se trata de tomar decisiones, ser el primero en la fila puede dañarle mucho. ¿Cuántas veces ha escuchado decir a las personas que han sido víctimas de sus propias malas decisiones: "Si hubiera sabido entonces lo que ahora sé…?" La realidad es que muchas de estar personas pudieran haber demorado su decisión sin salir perjudicadas y ahora conocerían ese dato o elemento que quisieran haber conocido antes.

> Hay demasiadas personas que son víctimas de malos juicios que traen como resultado malas decisiones sencillamente porque no tienen la información.

Una vez que usted ha determinado hasta cuándo puede demorarse para tomar una decisión final, entonces necesita comenzar a recaudar la información necesaria para considerar todas las alternativas. Digamos que usted está tratando de decidir qué ponerse esta mañana para ir a trabajar. Es evidente que usted tal vez escuche el informe del tiempo o mire por la ventana. Si es un día especialmente frío o caliente, usted debe vestirse según el caso. Si está lloviendo o nevando, debe tomar una sombrilla o ponerse botas. Esto parece elemental, sólo porque usted está acostumbrado a tener toda la información al alcance de su mano.

¿Qué pasaría si yo le pidiera, en lugar de tomar una decisión en cuanto a qué ponerse este día, que escogiera su vestimenta para un día de trabajo dentro de cinco, seis o incluso siete meses? Esto sería mucho más difícil de hacer porque la información todavía no está disponible. No hay razón por la cual usted deba forzarse a tomar una decisión en cuanto a la vestimenta con meses de antelación.

Hay demasiadas personas que son víctimas de malos juicios que traen como resultado malas decisiones sencillamente porque no tienen la información. Si hubieran esperado más para tomar la decisión, sus malos resultados pudieran haberse evitado.

Si usted no está seguro de ir a la derecha o a la izquierda, quédese en el medio mientras pueda. Tal vez descubra que ambos caminos se unen o que hay un camino mucho mejor que aparecerá un poquito más adelante.

¡Éste es el día!

C omo gente de negocios en busca de sus metas y objetivos profesionales, todos enfrentamos el dilema inevitable de tiempo versus tarea. Hay más cosas que hacer que las que permitiría el tiempo asignado a las mismas.

Uno de los mayores factores que encuentro en el éxito asombroso de personas con gran rendimiento es su capacidad de evaluar y categorizar posibles tareas. Mediante correos electrónicos, teléfono o en reuniones cara a cara, todos tenemos montones de oportunidades para invertir nuestro tiempo cada día laborable. La manera en que invirtamos este tiempo determinará nuestro éxito o fracaso futuro.

El viejo refrán que dice "el tiempo es dinero" sigue vigente. Hay más y más personas que quieren ocuparle el tiempo con su oportunidad, sus problemas, su relación o su crisis. Aunque sin dudas queremos involucrarnos con aquellos que nos rodean, tenemos que entender que el tiempo es un artículo limitado. Hay muchas cosas buenas para hacer, Lamentablemente, no hay horas suficientes para hacerlas todas, así que tenemos que reemplazar lo bueno con lo mejor.

> Lo único que podemos manejar es a nosotros mismos y cómo escogemos invertir el tiempo que se nos ha dado.

Cada vez que usted tenga la oportunidad de invertir su tiempo, usted tiene que hacer una de estas tres cosas. Hágalo ahora, páselo por alto por completo o desplácelo a un momento futuro. Manejar los papeles, correos electrónicos o llamadas telefónicas de una vez es, sin dudas, la manera más eficiente de llevar su negocio. Hay demasiadas personas que dejan que las cosas se acumulen en su oficina o en su portafolio para atenderlas después. Estas personas pierden demasiado tiempo tratando de "ponerse al día" con el asunto en cuestión. Hubiera tomado igual tiempo o esfuerzo de haberse tratado el asunto cuando apareció por primera vez.

Se pierde tiempo cuando no podemos tomar una decisión contundente en el mismo momento. Por lo tanto debemos: (1) Reconocer una tarea u oportunidad como válida y manejarla de inmediato. (2) Reconocer que eso no tiene validez, es una pérdida de tiempo o sencillamente algo que no es tan bueno como las cosas que buscamos. Esos asuntos hay que eliminarlos del panorama. (3) Reconocer que es algo de no tanta urgencia ni inmediato pero que pudiera tener cierto mérito. Esos asuntos deben marcarse en nuestro calendario para el futuro cuando tendremos más información y podremos hacerlo, pasarlo por alto o desplazarlo.

En el mundo de los negocios se habla mucho del manejo del tiempo. La realidad es que no podemos manejar el tiempo. Es una fuerza constante en nuestras vidas. Lo único que podemos manejar es a nosotros mismos y cómo escogemos invertir el tiempo que se nos ha dado.

¡Éste es el día!

E n los últimos años ha habido una proliferación asombrosa del número de consultores, consejeros, entrenadores y tutores. Parece haber un gran número de personas que están dispuestas, por un precio, a decirnos a usted y a mí cómo conducir nuestras vidas personales y profesionales. El consejo es la manera más rápida de limitar los errores comunes pero este mismo consejo a menudo garantizará la eliminación de posibilidades desconocidas.

Cuando considere un consejero, primero tiene que sentirse cómodo con la capacidad y credibilidad de este. Unas simples reglas pudieran ser útiles.

1. Nunca tome consejos de alguien que no tenga lo que usted quiere. Ellos necesitan demostrar que han tenido éxito en la esfera crucial que usted está enfrentando o que han ayudado a otras personas en situación similar a la suya a enfrentar estos elementos críticos.

2. Nunca reciba el consejo indiscriminado de alguien que esté vendiendo algo o que tenga algún interés personal en el asunto. La persona que vende hace todo tipo de recomendaciones.

> Los buenos consejos provienen de experiencias de la vida real.

3. Asegúrese de que su consejero escuche mucho antes de que intente darle un consejo. Es importante que entiendan completamente adónde quiere llegar usted antes de que le digan cómo hacerlo.

4. Siempre que sea posible, pague por resultados, no por consejos. Si están dispuestos a que sus tarifas dependan de que usted logre el resultado deseado, usted puede descansar más confiado.

5. Recuerde que un consejero sólo puede darle información con respecto a lo más avanzado que se conozca. A menudo su destino futuro yace más allá del universo conocido dentro de su campo. Deben evitarse declaraciones como: "Siempre se ha hecho así" o "Eso nunca antes se ha hecho".

Los buenos consejos provienen de experiencias de la vida real. No olvide nunca que cuando usted contrata a un consultor o un consejero, ellos pudieran haber pasado años en el mundo teórico o académico mientras que usted ha pasado años en la línea de fuego obteniendo experiencia de la vida real. En la mayoría de los campos lo más avanzado cambia tan rápidamente que alguien que era un experto mundial hace diez años ahora pudiera ser una pieza de museo.

Me gustan los consejeros que asumen que todo es posible y luego enfocan su energía en cómo llegar de un lugar a otro en vez de informarme por qué mis ideas o conceptos no son prácticos, cuando no imposibles. Los consejeros son una herramienta para ayudarle a construir sus sueños, no un crítico que los limitará.

¡Éste es el día!

L o único que se ha mantenido constante con el transcurso del tiempo es el cambio. La única certeza que usted y yo tenemos en nuestras vidas personales y profesionales es el hecho de que nada permanecerá igual; por lo tanto, las cosas pueden mejorar o pueden empeorar. Pero el que las cosas mejoran o empeoran no siempre es algo claro.

Eche un vistazo a su pasado, a todos los cambios que llegaron a su vida. En muchas ocasiones usted pensó que el cambio inmediato produciría un desastre cuando, en realidad, al recordarlo este día aquel cambio aparentemente desastroso ha traído muchas cosas positivas a su vida. Por otro lado, piense en aquellos cambios de su pasado que usted creía que iban a ser acontecimientos maravillosos y resultaron menos positivos cuando el tiempo reveló la realidad de la situación.

Para seguir adelante, crecer y desarrollarnos, tenemos que aceptar el cambio. Esto es difícil de hacer porque nosotros los seres humanos siempre buscamos nuestra zona de comodidad. Nuestra zona de comodidad pudiera definirse como un lugar seguro, constante y confiable. Cualquier cosa que amenace con alterar nuestra zona de comodidad es vista de inmediato como una amenaza. Siempre debemos recordarnos que todo crecimiento y mejoría implica cambio. Aunque este cambio pudiera no parecer positivo

> Todo crecimiento y mejoría implica cambio.

al principio, o pudiera no sentirse cómodo, puede convertirse en una mejoría maravillosa.

Los viejos tiempos realmente no eran tan buenos, y el futuro atemorizante está lleno de promesas indecibles. Necesitamos aceptar el cambio como un mensajero de lo bueno en lugar de un desastre. Tenemos la tendencia a buscar lo conocido en lugar de lo desconocido y lo familiar versus lo poco familiar; pero aquellas personas que han mantenido un ambiente seguro, estable y consistente, rara vez han alcanzado la grandeza.

Piense en todas las personas a lo largo de la historia a quienes usted admira. Sea que se trata de científicos, artistas, filósofos, soldados o políticos, aquellos a quienes consideramos grandes estuvieron, invariablemente, a la vanguardia del cambio. Ellos lideraron una nueva era. Al contemplarlos desde la perspectiva de la historia, notamos su más grande logro, pero si usted estudiara los detalles de su historia, se daría cuenta de que cada gran individuo a través de las edades, quien ha hecho un nuevo invento, ha desarrollado algo o tuvo una idea nueva, se encontró con la oposición y la burla de aquellos que querían mantener el status quo y evitar el cambio.

Durante este día vea cada cambio como una oportunidad.

¡Éste es el día!

L o único que usted necesita para convencerse de que nuestra sociedad es adicta a los atajos para el éxito es ver la televisión por cable tarde en la noche. En el breve lapso de un programa comercial de treinta minutos le obsequiarán los supuestos méritos de productos maravillosos que le permitirán hacer millones de dólares inmediatamente, bajar cincuenta libras de peso antes del próximo martes o conocer y casarse con la persona de sus sueños antes de este fin de semana.

Nos hemos vuelto adictos a esta mentalidad de atajos. Asiduamente vemos programas de televisión o películas que presentan crisis mundiales que se resuelven en unos pocos minutos u horas, y todos los involucrados viven felices para siempre. La gente inocente supone que todos los demás ya van por la vía rápida, así que creen ciegamente a estos ardides de los atajos.

Beverly Sills, estrella de la ópera internacional, autora reconocida y un mecenas, dijo una vez: "No hay atajos para llegar a algún lugar que valga la pena". Esto es tan válido este día como lo ha sido a lo largo de la historia conocida.

> Asegúrese de que cada una de las metas que usted se proponga valga su talento y esfuerzos.

Las noticias están llenas de historias de personas que han experimentado "el éxito de la noche a la mañana" en sus vidas profesionales o personales. Si realmente usted explorara las experiencias de estas personas, usted vería que su éxito es el producto de muchos años de estar intensamente enfocados en sus metas. Yo sería el primero en reconocer que luego de muchos años de intensidad enfocada, el éxito a menudo llega envuelto en un hermoso paquete que parece haber sido entregado durante la noche, pero la realidad es que el éxito fue una receta complicada que permaneció mucho en la etapa de preparación antes de salir del horno.

Tal vez usted ha escuchado la historia de los árboles de bambú que nacen de una semilla y sólo crece unas pulgadas en los primeros siete años, entonces, en la próxima estación de crecimiento crecen un montón de pies más de manera maravillosa. Aunque pareciera que todo el crecimiento ha ocurrido durante unas pocas semanas o meses, si usted realmente estudiara los árboles, usted vería que durante siete años el sistema de raíces ha estado creciendo y preparándose para esa estación de crecimiento rápido.

Lo que nosotros denominamos "éxito de la noche a la mañana" es, en sentido general, "un descubrimiento de la noche a la mañana" de alguien que se ha estado desempeñando a un nivel exitoso durante cierto tiempo. Las personas que han llegado a la cima en el mundo corporativo han descubierto que la clave para el éxito es desempeñarse al nivel al que quieren llegar y entonces usted será recompensado con esa promoción. Una promoción no es tanto elevarlo a usted a un puesto nuevo como una recompensa al trabajo que usted ya estado haciendo.

Durante este día, asegúrese de que cada una de las metas que usted se proponga valga su talento y esfuerzos, porque no hay un atajo de un punto al otro.

¡Éste es el día!

Todos somos parte de un equipo en nuestras vidas profesionales. Usted pudiera pensar que es el Llanero Solitario o una excepción de esta regla, pero no es así. Al escribir esto parecería que ser escritor es trabajo de una sola persona. En realidad estoy dictando estas palabras a una persona muy talentosa que tomará mis palabras, después de arreglar la puntuación y los problemas gramáticos que yo creo, y entonces las mandará con periódicos, revistas y publicaciones en línea del mundo entero.

Existen otras personas que en cada uno de estos lugares se aseguran de que las mismas estén compuestas, impresas, cargadas en los archivos electrónicos correspondientes, etc. En el sentido profesional, ningún hombre o mujer es una isla. Incluso si usted trabaja sólo desde su casa, usted tiene proveedores, vendedores, contratistas, así como clientes y compradores.

Cada una de las personas de su equipo debe desempeñarse bien para que usted alcance su potencial. Hay varios elementos en cuanto a desempeñarse bien como parte de un equipo.

1. Todos los miembros del equipo deben comprender su papel y cómo este encaja en el panorama general. Deben estar conscientes de sus expectativas y metas como parte del proyecto o meta en conjunto.

> La gran mayoría de las personas quieren estar en un equipo ganador y quieren ser parte de algo mayor que sí mismas.

2. Cada persona debe entender su propio triunfo personal como una parte de la experiencia de triunfo a nivel de empresa que viva el equipo completo. Un futbolista puede jugar impecablemente, pero sin los esfuerzos coordinados del equipo, sufrirá el fracaso y la derrota.

3. Todos los miembros del equipo deben sentir que su creatividad y opiniones son valoradas. Pudiera no haber consejo mejor para realizar una tarea que aquel que viene de la persona que constantemente realiza esa única tarea.

4. Cada miembro del equipo debe compartir la experiencia de la victoria o la derrota. No puede haber triunfo personal a menos que el equipo completo triunfe. Cada elemento del juego debe ser valorado.

Durante este día, considere a todas las personas de su equipo a quienes usted puede haber ignorado en el pasado. Comprenda que usted sólo puede ser tan bueno como ellos se lo permitan. Entienda que la gran mayoría de las personas quieren estar en un equipo ganador y quieren ser parte de algo mayor que sí mismas. Déles un lugar en el que encajen y una estructura en la que se sientan seguras y apreciadas, y harán de usted una superestrella.

¡Éste es el día!

E n nuestra sociedad hay relativamente muy pocas personas que denominarían su profesión como "vendedores"; sin embargo, todos triunfamos o fracasamos en nuestra capacidad para vender. Aunque no todos vivimos de vender mercancías o servicios al público en general, cada uno de nosotros tiene que vender sus ideas, conceptos, capacidades o a nosotros mismos en situaciones personales y profesionales. Una entrevista de trabajo es un poco más que una presentación de ventas. Usted es su propio producto.

Ya sea que usted va a trabajar todos los días y llama a posibles clientes para venderles su mercancía y servicios, es muy probable que usted se gane la vida en base a una campaña de ventas exitosa. Para citar un viejo adagio: "Nadie gana dinero hasta que venda algo". Puede que haya cientos o incluso miles de personas apoyando esa venta, pero el vendedor está en la línea de fuego, creando el negocio. Es algo así como Neil Armstrong cuando pisó la superficie de la luna. Aunque fue el quien físicamente caminó, hubo literalmente miles de

> Aunque no todos vivimos de vender mercancías o servicios al público en general, cada uno de nosotros tiene que vender sus ideas, conceptos, capacidades o a nosotros mismos en situaciones personales y profesionales.

personas que hicieron su parte para que eso sucediera y apoyaron sus esfuerzos.

La venta es la profesión más pagada del mundo, y ya que todos o nos ganamos la vida como vendedores o apoyamos a otros que lo son, es importante que entendamos la dinámica.

Hay tres elementos cruciales que deben estar presentes para lograr una venta que tenga todas las de ganar. Una venta así es aquella en la que se hace un intercambio de valor justo y honesto y ambas partes se benefician. Para que esto suceda, usted debe identificar y comunicar lo siguiente.

1. Interés. La otra parte debe tener o debe desarrollar interés en su producto o servicio en base a su presentación. Esto puede ser tan sencillo como un anuncio publicitario de treinta segundos o tan complicado como de siete a diez ventas de contacto y campañas de mercadeo.

2. Necesidad. Los clientes potenciales deben percibir que tienen una necesidad del producto o servicio que usted ofrece que es más poderosa que el dinero que ellos gastarán. La percepción de dicha necesidad es más importante que la necesidad real. En nuestra sociedad muy pocas de nuestras compras son necesidades. Son simplemente cosas que nos parece que mejorarán nuestras vidas y nuestra imagen.

3. Recursos. Los clientes potenciales deben tener los recursos para hacer la compra que usted quiere que hagan. Independientemente de cuán interesados estén o de cuánto necesiten lo que usted vende, a menos que ellos tengan el precio requerido, usted está consumiendo el tiempo y dinero de estos.

Si usted está en el mundo de las ventas, enorgullézcase de lo que hace y comprométase a hacerlo bien. Si usted no está involucrado directamente en el negocio de las ventas de forma cotidiana, busque a aquellas personas en su organización que sí lo están y apoye sus esfuerzos y anímeles a alcanzar el éxito. Cuando los vendedores triunfan, todos triunfamos.

¡Éste es el día!

H emos escuchado un montón de veces que la práctica hace al maestro. A pesar de cuán bien intencionada puede haber sido la persona que se lo dijo, estaba equivocada. La práctica no hace al maestro. La práctica nos vuelve constantes. Una práctica perfecta nos convierte en maestros. Una práctica mediocre produce mediocridad.

Una de las cosas de las que tristemente carece el medio profesional en los negocios es la capacitación. A lo que se denomina como capacitación es muy a menudo una transferencia parcial de información que rápidamente obliga a la persona nueva a estar sobrecargada.

Yo creo que la industria de servicios de alimentación ofrece una mejor capacitación que el resto de los sectores. ¿Cuántas veces ha ido usted a un restaurante y se le ha acercado no uno sino varios camareros? Entonces inmediatamente le informan que uno de estos está recibiendo entrenamiento o la persona nueva está "copiando" lo que hace un camarero experimentado. La gerencia en la industria de servicios de alimentación comprende que nada proporciona capacitación como la experiencia práctica en situaciones de la vida real.

> Una práctica perfecta nos convierte en maestros. Una práctica mediocre produce mediocridad.

Algunos de los entrenadores más exitosos en los deportes también comprenden esto. Tratarán de hacer todo lo posible para simular las condiciones del juego. Tratan de practicar en el mismo momento del día en que se efectuará el juego y a menudo ponen grabaciones del ruido de la multitud al nivel que puede esperarse durante un juego real. Comprenden que una cosa es realizar bien un juego en un ambiente tranquilo, en un terreno conocido. Y otra bien diferente es jugar bien bajo condiciones de mucho ruido, confusión y en un terreno desconocido. Nada ocupa el lugar de una experiencia de la vida real.

Si usted está aprendiendo una nueva habilidad o profesión, trate de buscar condiciones realistas y conviértalas en experiencias de aprendizaje. Sólo usted está a cargo de capacitar a otros, cree simulaciones de manera que las personas puedan aprender las nuevas habilidades sin arriesgar un desempeño deficiente. Para retomar a nuestros amigos de la industria de servicios de alimentación, una cosa es poner a servir a un camarero o camarera nuevo a un cliente valioso, con un equipo experimentado a su lado para observar e intervenir si fuera necesario. Otra muy diferentes es arriesgar a un cliente valioso con alguien que lo único que ha hecho es leer el manual del empleado para aprender.

Durante este día, busque experiencias realistas de las cuales aprender y enséñelas a aquellos que le rodean para desempeñarse al más alto nivel posible.

¡Éste es el día!

Vivimos en un mundo que en pocas décadas ha pasado de poder confiar en la palabra de una persona a: "no creas nada de lo que escuches". Durante el transcurso de un mismo día en mi oficina se me dirá, ya sea por correo electrónico, fax o mediante llamadas telefónicas no solicitadas, que yo he calificado para un viaje a Disney World, con todo incluido, por sólo $99.00 dólares; puede que me haya ganado $10 millones; si compro cierto producto recibiré una computadora gratis; un vendedor quiere una cita conmigo por sólo diez minutos para darme un regalo gratis y otro montón de ofertas dudosas. Las cosas han llegado al punto que, en la mente, todo lo que se nos dice se ignora y se duda al punto de que prácticamente carece de significado.

Resulta irónico que mientras dicto este escrito, me interrumpió una llamada telefónica que me vi obligado a contestar porque una mujer muy maleducada insistió en que la llamada era con relación a una tarjeta de crédito robada o perdida. Mi asistente me pasó la llamada; sin embargo, realmente la mujer estaba tratando de venderme un plan de protección para la tarjeta de crédito que, según ella, me protegería en el caso de que mi tarjeta de crédito se perdiera o me la robaran.

> La clave para el éxito en los negocios es hacer siempre lo que uno dice que va a hacer.

Si usted no puede confiar en las personas durante la presentación o la reunión inicial, ¿por qué querría tener una relación personal o profesional con ellas? ¿Cómo puede usted confiar alguna vez en lo que le digan? ¿Qué fue lo que pasó con vender más barato y entregar más?

Uno de mis mentores me dijo cuando yo tenía veintitantos años que la clave para el éxito en los negocios es hacer siempre lo que uno dice que va a hacer. Primero, esto le dará una reputación de honestidad e integridad. Segundo, y quizá lo más importante, si usted sabe que va a tener que cumplir con cualquier cosa que diga, usted será mucho más cuidadoso y cauteloso al prometer algo.

Como todos sabemos, si algo parece demasiado bueno como para ser verdad, probablemente lo sea. Hay personas que le piden que les dé dinero, apoyo o su voto. Estas personas quieren que uno confíe en ellos para llevarnos a un futuro tormentoso y nos dicen con una cara muy fresca que van a bajar los impuestos, reducir los gastos y aumentar los servicios y los beneficios para todo el mundo.

Durante este día busque personas que hagan lo que dicen que van a hacer. Recíbalos en su círculo más íntimo y rechace a todos los demás. Usted tendrá un día maravilloso y una vida maravillosa.

¡Éste es el día!

E n lenguaje humano un siglo parece como una eternidad, pero en el lenguaje histórico, es un poquito más que un abrir y cerrar de ojos. Una bendición antigua de un padre un hijo dice: "Que vivas durante tiempos interesantes". Mi querido lector, usted y yo sin lugar a dudas vivimos tiempos interesantes. Regresemos en el almanaque, un vistazo histórico a 1904. Veamos cómo era el mundo cuatro años después del inicio del nuevo siglo. Tenga en cuenta que hoy aún hay personas que nacieron en 1904 que viven. Las personas mayores de 100 años son el segmento con mayor crecimiento de la población.

En 1904 sólo el 14 por ciento de los hogares en los Estados Unidos tenían una bañadera. Sólo el 8 por ciento de las casas tenían teléfono. Una llamada de tres minutos de Denver a la ciudad de Nueva York costaba once dólares. Sólo había ocho mil autos en los Estados Unidos y sólo 144 millas de caminos pavimentados. El límite de velocidad máxima en la mayoría de las ciudades era diez millas por hora. Alabama, Mississippi, Iowa, y Tennessee tenían más población que California. Apenas con 1.4 millones de residentes, California ocupaba el número veintiuno entre los estados más poblados de la Unión. La estructura más alta del mundo era la torre Eiffel.

> Piense en cosas que puede hacer con su vida que marcará una diferencia en el mundo.

El salario promedio en los Estados Unidos era de veinte centavos por hora. El obrero norteamericano promedio ganaba entre $200 y $400 dólares al año. Un contador calificado podía ganar $2,000 dólares al año, un dentista $2,500, un veterinario entre $1,500 y $4,000 al año y un ingeniero mecánico unos $5,000 al año. Más del 95 por ciento de los nacimientos en los Estados Unidos se producían en casa. El noventa por ciento de todos los médicos no tenían preparación universitaria. En su lugar, iban a escuelas de medicina muchas de las cuales eran criticadas por la prensa y por el gobierno como de "bajo nivel". La esperanza de vida promedio era de cuarenta y siete años.

La bandera estadounidense tenía cuarenta y siete estrellas. Arizona, Oklahoma, New México, Hawai y Alaska todavía no eran parte de la Unión. La población de Las Vegas, Nevada, era de treinta personas. No se habían inventado los crucigramas, la cerveza enlatada ni el té frío. No había Día de las Madres ni Día de los Padres. Dos de cada diez adultos norteamericanos no sabían ni leer ni escribir. Sólo el 6 por ciento de todos los norteamericanos se habían graduado de la secundaria. La marihuana, la heroína y la morfina estaban disponibles en las farmacias sin receta médica. Según un farmacólogo: "La heroína aclara la complexión, da flotabilidad a la mente, regula el estómago y los intestinos y de hecho es una guardiana perfecta de la salud". El dieciocho por ciento de las familias en los Estados Unidos tenían al menos una criada o empleada doméstica a tiempo completo. Sólo había alrededor de 230 asesinatos conocidos en todo el país.

Qué gran diferencia representa un siglo. Durante este día, piense en cosas que puede hacer con su vida que marcará una diferencia en el mundo cuando haya pasado un siglo.

¡Éste es el día!

Una de las facetas más destacadas de lo que llamamos el "gran sueño americano" es la noción de trabajar para uno mismo. Controlar su propio destino es una idea con un encanto como muy pocas otras. La realidad es que todos aquellos que tenemos empleo, en una gran medida, trabajamos para nosotros mismos.

Puede que usted tenga trabajo en medio del organigrama de una empresa gigante o de la burocracia del gobierno, pero de todos modos, en esencia, usted trabaja para usted mismo. Ganar dinero es el indicador clave para el éxito al trabajar para sí mismo. Los únicos que "hacen dinero" son los que trabajan en la casa de la moneda. Los demás ganamos dinero. Esto sencillamente es una función de crear más valor de lo que se le paga. A medida que aumente su valor, su paga debiera aumentar. Usted puede darse un aumento con sólo incrementar su valor más allá del punto en que le pagan. Con el tiempo, su paga se pondrá al nivel de su valor.

La oferta y la demanda es tal que si usted está en una organización que no aprecie, no reconozca ni recompense su valor, otra organización le buscará si usted sigue aumentando su valor. Una persona sabia me dijo una vez que a nadie lo despiden. La gente se despide a sí misma. Aunque entiendo la realidad de las recesiones económicas y los períodos de desempleo, esta declaración todavía se

> Una vez que usted comienza a aumentar su valor, aquellos que le rodean harán lo mismo.

cumple ya que parece que aquellos que han creado el mayor valor siempre tienen trabajo en un campo emocionante y en desarrollo, en el cual reciben la compensación adecuada.

Véase a sí mismo y a su trabajo como una corporación de una sola persona. ¿Qué puede hacer usted para ser más eficiente y aumentar la contribución que hace a la organización como un todo? A las personas se les recompensa por resolver problemas. Se les recompensa aún más por anticipar los problemas y atajarlos antes de que se produzcan.

Durante este día, evalúe el valor de su corporación individual de acuerdo a cuánto le pagan. Busque maneras de aumentar su valor y las contribuciones únicas que usted aporta dentro de su organización. Este nivel de compromiso personal es contagioso. Una vez que usted comienza a aumentar su valor, aquellos que le rodean harán lo mismo. Cuando llegue esta marea de éxito, todos los barcos saldrán a flote, incluyendo el suyo.

¡Éste es el día!

R esulta irónico que las personas que más necesitan escuchar un mensaje sean a menudo aquellas con menos probabilidades de escucharlo. Con demasiada frecuencia juzgamos mucho el carácter de los demás pero no el nuestro. Lamentablemente, vemos a los demás a la luz de sus resultados pero nos vemos a nosotros mismos de acuerdo a nuestras buenas intenciones. Si usted puede encontrar algunas personas en su vida personal o profesional que sean honestos con usted acerca de su propio desempeño, usted en realidad es afortunado. Las personas más valiosas en cualquier equipo son aquellas que sean francas y honestas con el líder.

Existen dos tipos fundamentales de líderes, aquellos que dirigen mediante el temor y aquellos que lo hacen mediante el respeto. A corto plazo ambos métodos parecen funcionar, sin embargo, el único combustible a largo plazo que impulsará un equipo a la grandeza es el respeto. Tal vez usted ha escuchado acerca del letrero que una vez pusieron en un centro de trabajo para que todos los trabajadores lo vieran todos los días. "Los despidos continuarán hasta que la moral mejore". Aunque esto generará mucha actividad, no mejorará la productividad. De hecho, el temor es el motivador humano a largo plazo menos eficaz.

> Las personas más valiosas en cualquier equipo son aquellas que sean francas y honestas con el líder.

Las personas que temen en cuanto a sus trabajos y profesiones harán lo menos posible para sobresalir en la multitud. Si usted dirige mediante el temor, obtendrá lo que pidió pero no el espíritu que necesita. Para ganarse la honestidad, creatividad y máximos esfuerzos de parte de su equipo, usted debe dirigir mediante el respeto. La única manera de ganarse el respeto de los miembros de su equipo es demostrarles, a diario, que usted los respeta.

En el momento en que usted se vea obligado a lidiar con alguien en su vida personal o profesional en el contexto del temor, ya usted perdió la batalla y está a punto de perder la guerra. La mayor parte de los miembros de un equipo quieren desempeñarse a un alto nivel. Sienten la presión de los que le rodean y del dinamismo que crea el trabajo en equipo. El temor de ser despedido o disciplinado, excepto en casos extremos, quita todo dinamismo positivo y deja el equipo con confusión y temor.

Las personas que sienten temor dejan de pensar en sus metas y comienzan a pensar en las consecuencias. Existe una gran diferencia entre tener éxito y no fracasar. Las personas que quieren triunfar se unirán a todos los miembros del equipo y multiplicarán sus esfuerzos. En un buen equipo, uno más uno es igual a tres. En un equipo lleno de temor, uno más uno es igual a uno y medio. Las personas se señalarán y se culparán unas a otras en lugar de resolver problemas y alcanzar la meta.

Es probable que usted haya visto a un equipo de baloncesto disfrutar una ventaja de veinte tantos tratando de aguantar el balón y ganar tiempo. Esta estrategia muy a menudo falla porque los equipos están hechos para el éxito y para ganar, no para aguantar el balón en un esfuerzo para no fracasar. Durante este día, respete a los que le rodean, y encontrará un equipo digno de cualquier tarea que tengan delante.

¡Éste es el día!

Aquellos que tenemos la bendición de vivir en una sociedad libre al entrar en el siglo veintiuno, tenemos una gran deuda para con un puñado de personas que nos guiaron durante la primera mitad del siglo pasado. Entre aquellos con quienes estamos endeudados se encuentra sin lugar a dudas Winston Churchill. Él dirigió con sus palabras, sus obras y, lo más importante, su carácter. El mero poder de su presencia y persona daban ánimo a los aliados que luchaban por la libertad en diversos lugares del globo. Él pudiera estar entre las personas más citadas de la historia.

Creo que Churchill hubiera sido considerado alguien grande si hubiese vivido en cualquier otro momento en el pasado; sin embargo, como dijera uno de mis autores favoritos, Louis L'Amour, "Sólo se puede juzgar a una persona en base al escenario del tiempo y lugar en que viva". Churchill fue una fuerza decisiva y poderosa en el momento de la historia en que más se necesitaba una persona decisiva y poderosa. El tuvo el don de tener algo significativo que decir, e igualmente importante, tuvo el don de poder decirlo de una manera que otros pudieran interiorizar.

> Lo que hemos vivido carece de importancia en sentido general si tenemos una comprensión firme de adónde vamos y cómo vamos a llegar hasta allí.

En una de mis citas favoritas de Churchill, él nos hace meditar: "El éxito nunca es definitivo. El fracaso nunca es fatal. Lo que cuenta es el valor". En esta idea Churchill nos recuerda que nuestro éxito o fracaso es apenas lo que hacemos o lo que hemos hecho, pero nuestro carácter es quiénes somos. Muy a menudo aquellos que han tenido un éxito temporal dejan de progresar porque ven este breve triunfo como un destino y no como un trampolín hacia cosas más grandes. Muchas veces los que han sufrido un revés temporal lo ven como una condena con la que tienen que vivir para siempre. La realidad es que lo que hemos vivido carece de importancia en sentido general si tenemos una comprensión firme de adónde vamos y cómo vamos a llegar hasta allí.

Churchill entendió que los titulares de este día son los recuerdos de mañana. Siempre tenemos la oportunidad de lograr el éxito o de revertir el fracaso. No somos nuestro rendimiento. Somos nuestro carácter. Si usted se concentra en convertirse en la persona que quiere ser, el éxito y el fracaso se ocuparán de sí mismos. La gente grande siempre hace grandes cosas.

¡Éste es el día!

E l único consejo significativo que usted escuchará alguna vez acerca de invertir le dice que "compre barato y venda caro". Los miles de libros que se han escrito acerca de las inversiones se diseñan en base a ciertas teorías de cómo hacerlo pero, al final de la jornada, el objetivo sigue siendo comprar barato y vender caro. Si es tan sencillo, ¿por qué tantas personas fracasan en las inversiones y en la vida? No fracasan porque no saben qué hacer. Fracasan porque no hacen lo que saben hacer.

Hay demasiadas personas que invierten y se dedican a mantener esas inversiones durante varios años, pero entonces abren un periódico o ven un reportaje en la televisión que les dice que el mercado está mal y sienten pánico. Acaban comprando caro y vendiendo barato, aunque saben que no debieran hacerlo así. Cuando invirtieron, sabían en teoría que habría ocasiones en las que el mercado estaría en alta y otras en las que estaría en baja.

La única sabiduría a largo plazo es confiar en el hecho de que, a la larga, el mercado siempre tiene la tendencia de subir. Es como si estuviéramos mirando a un niño pequeño subir las escaleras mientras juega con un yo-yo. Si usted fija la vista en el yo-yo, esté

> Siga con los mejores planes que le llevarán a las mejores metas y objetivos.

subirá y bajará y usted sentirá pánico. Si sólo observa que el niño va subiendo los escalones, usted permanecerá en calma y al final tendrá éxito. El éxito en las inversiones y en la vida depende de aferrarse a su plan independientemente de las circunstancias actuales.

Hace poco supe de un empleador que contrató a un candidato calificado y muy entusiasta. Poco después de que este nuevo empleado comenzara a trabajar, cometió un grave error que hizo que el empleador perdiera miles de dólares. El nuevo empleado preguntó nervioso a su empleador: "¿Me va a despedir?" El empleador sabiamente respondió: "No, no lo voy a despedir. Contraté al mejor candidato que podía contratar y además, acabo de invertir miles de dólares en su educación".

Siga con los mejores planes que le llevarán a las mejores metas y objetivos. Los mejores planes y estrategias en ocasiones parecen malos a corto plazo, pero a la larga triunfan. Aférrese en los malos tiempos y sacará ganancias a sus inversiones, su profesión y su vida.

¡Éste es el día!

H ay un viejo refrán que dice: "Los millonarios son diferentes a los demás". Eso no es verdad. Los millonarios son como cualquier otra persona, a excepción de una cosa, piensan diferente. Tienen una perspectiva única en cuanto a los negocios, el dinero y el éxito que los ha convertido en millonarios. No tienen esta perspectiva única porque sean ricos. Son ricos porque tienen esta perspectiva única.

La clave para la riqueza no es el dinero sino el conocimiento. Si usted tomara todo el dinero del mundo y lo dividiera a partes iguales entre todos, en unos pocos años los que antes eran millonarios volverían a ser ricos otra vez. Si usted quiere ser millonario, tiene que comenzar a pensar como un millonario en los asuntos siguientes.

1. Los millonarios comprenden que las personas no hacen dinero a menos que trabajen en la casa de la moneda. Todos los demás se lo tienen que ganar.

2. Los millonarios entienden que por lo general no hay manera rápida de hacerse rico. Busque soluciones al vapor y no de microondas.

3. Los millonarios aprenden que, a todos los niveles, a vivir con menos de lo que ganan para que su dinero comience a trabajar para ellos en lugar de ellos trabajar para su dinero.

> La clave para la riqueza no es el dinero sino el conocimiento.

4. Los millonarios comprenden la diferencia entre costo y valor. Esta es una mentalidad que va en contra del consumidor. Los millonarios quieren saber que cuando sus dólares se conviertan en cosas, esas cosas retengan su valor.

5. Los millonarios buscan el consejo de los mejores profesionales disponibles y de tutores que sean millonarios. Sólo buscan consejo de aquellos que tienen lo que ellos quieren.

6. Los millonarios tienen su propio paso y buscan sus propias metas. Realmente no les interesa a quiénes impresionan o dejan de impresionar.

7. Los millonarios entienden que lo que el dinero hará y no hará. El dinero comprará cosas, seguridad o recuerdos, pero no le hará feliz.

8. Los millonarios entienden la ecuación entre tiempo y dinero. El dinero abunda mucho en el mercado. El tiempo nunca se puede recuperar; por lo tanto, los millonarios negociarán cantidades considerables de dinero para ahorrar su tiempo.

9. Los millonarios son, en general, autodidactas. Más del 80 por ciento de los millonarios son una primera generación. Usualmente quieren que sus herederos pasen por las mismas experiencias que ellos tuvieron para luchar por la riqueza, ganarla y crearla.

10. Los millonarios usan su dinero y disfrutan a las personas en lugar de aquellas personas superficiales que tratan de usar a las personas y disfrutar el dinero. El dinero se puede reemplazar. Las personas no.

Durante este día comience a pensar como un millonario y luego comenzará a actuar como tal. Antes de darse cuenta, usted será un millonario.

¡Éste es el día!

T odos tenemos problemas, desafíos, ansiedades y temores con los que tenemos que lidiar en nuestras vidas personales y profesionales. Eso es de esperarse. Una de las preguntas más grandes en cuanto a la manera en que lidiamos con nuestros desafíos es, ¿a quién le contamos?

Con respecto a hablar de los problemas las personas parecen caer en dos categorías extremas. Hay personas que quieren contar todos los problemas en cuanto a todo con todas las personas que se encuentran; y luego, en el otro extremo, están aquellas que en silencio lo enfrentan todo sólos y no le cuentan nada a nadie. Invariablemente ambos extremos llevan al fracaso personal y profesional.

Aquellos que tienen la tendencia a contarlo todo a todo el mundo minimizan su credibilidad. Quieren contarles a todos "que el cielo se va a caer" con tanta frecuencia que se convierten en "el pastorcito mentiroso". Si pudo aguantar la analogía de dos cuentos de hadas en una misma oración, usted comprenderá que hacer un anuncio público de cada desafío y problema en su vida le disminuye. Las personas que nos rodean nos conocen por cómo manejamos los desafíos y los problemas inmediatos. Por otro lado, si usted decide no contárselo a nadie y llevarlo sólo,

> No hay nada más poderoso que compartir una carga con alguien a quien le interese y esté dispuesto y sea capaz de ayudar.

elimina todas las posibles fuentes de consejo, apoyo y aliento. Cuando usted realmente tenga un gran desafío, hay muchas personas a su alrededor que quieren ser parte de su solución.

Antes de hablar con los demás de sus problemas personales o profesionales, sus temores, sus preocupaciones o desafíos, debe responder las preguntas siguientes.

1. ¿Es esto un verdadero problema o es sencillamente una pequeña molestia que es parte normal de la vida?

2. ¿Le estoy contando a esta persona por un motivo productivo y constructivo o sencillamente estoy divulgando mi desdicha?

3. ¿Esta persona es alguien que puede dar consejo, apoyo o aliento en mi situación?

4. ¿Tengo todos los hechos o estoy reaccionando de manera prematura?

Si puede responder a cada una de estas preguntas de manera favorable, probablemente le convenga buscar un grupo de amigos o colegas leales y en confianza contarles lo relacionado con sus problemas o desafíos del momento. Por otra parte, si usted no puede responder a todas las preguntas de manera favorable, es probable que lo mejor sea que no hable del asunto. No hay nada más poderoso que compartir una carga con alguien a quien le interese y esté dispuesto y sea capaz de ayudar. Y hay pocas cosas más destructivas que hablar de sus dudas y temores con alguien a quien no le interesan o quien no tenga a su alcance el marcar la diferencia.

Durante este día decida manejar sus problemas y desafíos sin permitir que estos lo manejen a usted.

¡Éste es el día!

Una parte del gran "sueño americano" para muchas personas es tener su propio negocio. A menudo me preguntan: "¿Qué tiene que hacer la gente para convertirse en un empresario exitoso?" La respuesta es un gran desafío porque yo he visto personas iniciar y dirigir negocios exitosos haciendo todo lo que uno pueda imaginar e incluso cosas que usted no puede ni imaginarse.

Entonces, como sucede a menudo, la mejor manera de responder a esta pregunta, y la mejor manera de triunfar, es sencillamente evitar el fracaso. Los empresarios fracasan por varias razones y si estas pueden evitarse, el éxito pasa de lo posible a lo probable y se convierte en algo muy posible. A continuación aparecen cinco principios que pueden ayudar al futuro empresario a evitar el fracaso.

1. Los empresarios deben examinar las tres "T": tiempo, temperamento y talento. Usted debe evaluarse así mismo honestamente o, mejor aún, hacer que amigos, colegas y familiares que lo conocen bien, le ayuden. He visto personas que tienen una semana de sesenta horas en un "trabajo diurno" quienes sirven de entrenadores en la Liga Menor de béisbol, y están en el PTA pero creen que tienen tiempo suficiente para comenzar un nuevo negocio. Ya que muchas empresas comienzan a tiempo parcial, usted debe ser realista con respecto a cuánto tiempo tiene para invertir. Segundo, es difícil para nosotros mismos evaluar nuestro propio temperamento ya que, en nuestra mente, siempre actuamos de manera lógica y razonable. Debe preguntar a personas con quienes ha trabajado si realmente usted tiene el temperamento para hacer negocios por su cuenta. La tercera "t" es talento. Es muy fácil subestimar el talento que se requiere para iniciar una nueva empresa porque la gente talentosa, por su propia naturaleza, hacen que todo parezca fácil. Michael Jordan y Tiger Woods parecen no hacer ningún esfuerzo cuando están dando lo mejor de sí. Pero no subestime el nivel de talento que tienen.

2. Busque su nicho. La clave del espíritu empresarial es encontrar una necesidad y llenarla. Usted debe evaluar si realmente su producto o servicio tiene demanda. Puede que le encanten los barquillos con trocitos de chocolate, o los panecillos con tofu, pero ¿está listo el mundo para estos nuevos productos?

3. Asegúrese de tener capital suficiente. El pecado capital en el funcionamiento de un negocio es quedarse sin dinero. El dinero allana el camino que usted tiene por delante y le ayuda a vencer los errores. Si usted no tiene capital de explotación suficiente, puede que tenga que hacerlo todo a la perfección desde la primera vez. Esto sencillamente nunca funciona.

4. Salga de la mentalidad corporativa. Muchos posibles empresarios nunca salen del nivel medio en la escala empresarial. Han tenido ventajas increíbles debido a los recursos de su empleador. Esas ventajas sencillamente no estarán disponibles al comienzo de una empresa. En el mundo corporativo puede que su asistente tenga un asistente, pero en Empresilandia, prepárese para hacerlo usted mismo.

5. No subestime la cantidad de trabajo y pasión que se requieren. Comenzar un negocio pudiera ser la cosa más difícil y más gratificante que usted haga. Tendrá que hacer muchos sacrificios, especialmente al principio. Si usted no tiene pasión para su nueva empresa, o si ha subestimado mucho el trabajo requerido, nunca lo logrará.

Si usted puede evitar estos escollos, y tiene un producto, servicio o concepto que el mercado quiere, le animo a que comience ahora y sencillamente no se rinda nunca.

¡Éste es el día!

En cualquier cometido o empresa, usted necesita dos modos de pensar separados y diferentes. Debe considerar el panorama general y debe considerar los detalles. Muchos de los que piensan en el panorama general no comprenden la importancia de los detalles, y muchos pensadores meticulosos no entienden la naturaleza vital del panorama general.

Sin los detalles y un seguimiento, un panorama general o una gran idea no son más que una simple fantasía. Nunca llegará a la realidad sin que se le preste atención a tareas específicas, fechas tope y seguimiento. Por otro lado, una atención sobresaliente a los detalles nunca llegará a ninguna parte sin la dirección que aporta el pensar en el panorama general. Esto es como un auto bien ajustado que ha recibido un mantenimiento meticuloso y sale de viaje sin mapa ni destino.

El Dr. Robert Schuller, uno de mis amigos y colegas queridos, dice a menudo: "No confundas el 'cómo vas a hacerlo' en la etapa de 'qué vas a hacer'". Lo que quiere decir el Dr. Schuller es que uno debe limitar el establecer las metas o la planificación en base a su comprensión actual de lo que es factible. Si uno limita su destino al conocimiento que tiene de momento, probablemente nunca construya una Catedral de Cristal como la que

> Considere cada oportunidad tanto desde el panorama general como desde una perspectiva detallista.

construyó el Dr. Schuller. Por otro lado, incluso si alguien como el Dr. Schuller, quien es uno de los más grandes pensadores en cuanto a panorama general que conozco, nunca empezaría a construir una Catedral de Cristal, ni siquiera finalizar los planes para un proyecto semejante sin arquitectos, ingenieros, y gente de detalle que puedan dirigir el proyecto.

A menudo ambas escuelas de pensamiento parecen estar en desacuerdo. Los que piensan en el panorama general ven las oportunidades y posibilidades muy lejos en el futuro y a menudo no consideran los aspectos prácticos del empeño. La gente de detalles a menudo identifica cada problema y obstáculo sin considerar el valor de la meta. Sólo cuando las dos mentalidades se unen uno puede alcanzar de manera segura y eficaz su máximo potencial.

Me siento muy agradecido por poder trabajar en un ambiente en el que tengo la libertad de expresar ideas y pensamientos grandiosos y a menudo estrafalarios. También agradezco trabajar en un ambiente en el que estoy rodeado de las personas más detallistas que he conocido jamás. Siempre quiero poder estar seguro de que ellos puedan cumplir con lo que yo prometo.

Durante este día considere cada oportunidad tanto desde el panorama general como desde una perspectiva detallista o busque a alguien en su mundo que incorpore el elemento que falta en el proceso de planificación e implementación. Al hacerlo usted descubrirá que sin lugar a dudas dos cabezas piensan más que una.

¡Éste es el día!

S oy un gran defensor de la educación para adultos y del desarrollo personal. Como autor de unos cuantos libros y cientos de columnas de periódicos, y como orador exitoso en diversos marcos y convenciones, creo en aprender todo lo que sea posible. Sin embargo, al final de la jornada, por desdicha se dice más de lo que se hace. Cuando fracasamos en los negocios o en la vida, no fracasamos porque no sepamos qué hacer, fracasamos porque no hacemos lo que sabemos hacer.

De vez en cuando es bueno dar un repaso a elementos muy básicos del éxito en los negocios, que todos conocemos pero que muy pocos ponemos en práctica de manera habitual. Analice lo siguiente:

1. ¿Se responde el teléfono de su empresa con cortesía y profesionalmente, dando a conocer al que llama, de manera tal que se pueda entender, a qué lugar ha llamado?

2. ¿Se comunica usted rápida y profesionalmente con sus clientes y posibles clientes?

3. ¿Le agradece a los clientes existentes la oportunidad de negocios que le han dado hasta el momento?

4. ¿Expresa usted reconocimiento y gratitud a empleados, compañeros de trabajo y colegas quienes hacen posible el éxito que usted tiene?

> Hoy durante su día, adquiera un nuevo conocimiento, pero no olvide poner en práctica las cosas que ya sabe.

5. ¿Lee usted constantemente libros sobre negocios, artículos acerca del éxito y asiste a eventos relacionados con la industria que le mantengan en la vanguardia del éxito?

6. ¿Aparta usted tiempo para hacer planos a corto y mediano plazo o siempre está atrapado tratando de apagar los fuegos del presente?

7. ¿Se ha rodeado de los mejores contadores, abogados, planificadores financieros, técnicos en computación y otras personas que le ayudarán a fomentar su éxito?

8. ¿Programa usted tiempo para la recreación, para la familia y otras actividades necesarias para tener una vida equilibrada y una actitud renovada?

9. ¿Establece usted nuevas metas continuamente para usted mismo y para los miembros de su organización para que cada persona siempre tenga un desafío delante de sí?

10. ¿Contribuye usted con los miembros de su comunidad, industria y aquellos que le rodean y que pudieran necesitar ayuda? Usted no llegó sólo hasta donde está. Ellos tampoco podrán hacerlo.

Estas son diez ideas sencillas que cualquier alumno de escuela primaria que estudie negocios comprendería fácilmente. No tienen nada de revolucionario ni de extraordinario, pero si con regularidad usted aplica estas cosas que ya sabe, se convertirá en una leyenda en su industria y alcanzará un éxito que va más allá de sus sueños más atrevidos.

Durante este día, adquiera un nuevo conocimiento, pero no olvide poner en práctica las cosas que ya sabe.

¡Éste es el día!

S e gasta mucho tiempo, esfuerzo, energía y dinero para crear, organizar, cambiar, ejecutar y disputar los contratos. Para bien o para mal, los contratos y los problemas legales que estos implican se han convertido en un elemento permanente de nuestras vidas. Tal vez usted haya escuchado que un contrato no es más que un pedazo de papel. En algunos casos esto puede ser verdad y en otros, un contracto puede valer como si multiplicáramos su peso en oro muchas veces. En un mundo ideal, yo prefiero ver un contrato como un recordatorio entre dos partes honorables.

Al considerar el ritmo al que realizamos los negocios en el siglo veintiuno, es difícil recordar lo que uno hizo hoy por la mañana, mucho menos recordar los términos y requisitos con los que usted se comprometió hace meses o incluso años. Un contrato elaborado y ejecutado de manera adecuada puede llevar a ambas partes al momento y lugar de un acuerdo. Un contrato debiera, de forma ideal, tratar cada eventualidad y reflejar por completo las intenciones de ambas partes.

Para que ambas partes respalden un contrato, deben estar presentes dos elementos en cada lado del acuerdo. Estos dos elementos son disposición y capacidad. Puede que usted haya tenido un contrato vinculante de mutuo acuerdo con una firma en New Orleans para que le suministraran ciertos productos o servicios. Esta

> Un contrato es un recordatorio entre partes honorables.

organización puede haber tenido las mejores intenciones y estar totalmente dispuesta a cumplir con el contrato, pero entonces llegó el huracán Katrina, y sencillamente ellos no pueden cumplir con dicho acuerdo. Ya sea por eventos de fuerza mayor, reveses financieros u otros elementos externos, la capacidad de cumplir un contrato puede verse muy afectada. A través de los seguros y otros medios, el margen de riesgo por lo general puede manejarse y protegerse con un contrato bien elaborado.

La disposición de una de las partes a ser honrada y cumplir con un contrato es el elemento mucho más difícil y problemático del acuerdo. Si comprendemos que un contrato es un recordatorio entre partes honorables, el contrato se vuelve inútil si una de las partes recuerda el contrato pero sencillamente no está dispuesta a cumplir lo prometido. En este caso, el contrato realmente "no es más que un pedazo de papel".

Si todo el mundo tuviera una memoria perfecta y fuera totalmente honrado, un sencillo apretón de manos sería más que suficiente en cada transacción. Por el contrario, si usted está lidiando con partes deshonestas, un contrato hermético del tamaño de una guía telefónica pudiera no protegerle, o si le protege, los costos jurídicos de mantener su posición pudieran ser más que su valor.

Durante este día, esfuércese por tener contratos con principios, pero más importante aún, asegúrese de tratar con personas de principios.

¡Éste es el día!

S i usted está a cargo de una organización o a cargo de un equipo de personas dentro de una organización, es crucial que usted comprenda el costo y el valor verdadero de sus empleados. El costo de un empleado, como le diría cualquier dueño de negocios, va mucho más allá de los salarios. A la ecuación se suman los impuestos, prestaciones, planes de seguro, días de enfermedad, vacaciones y muchos otros elementos. Un buen empleado vale su peso en oro y un mal empleado se convierte en un hueco negro que se traga el esfuerzo y la energía de su universo.

Si usted está a cargo de personas, usted es como un buen entrenador. Tiene que tener las personas adecuadas, en el lugar adecuado, en el momento, haciendo lo adecuado y por la razón adecuada. Si estos elementos no están alineados con usted, su eficacia como líder y la eficiencia de sus empleados fracasan. Si usted tiene a la persona equivocada haciendo algo equivocado, su índice de costo-remuneración puede estar desproporcionado por completo.

Cuando jugaba baloncesto, Michael Jordan estaba probablemente entre los empleados más rentables que haya tenido jamás una organización. Jordan producía tantas ganancias a su organización cuando estaba en la cancha de baloncesto que influía en todo su equipo y en la liga completa. Sin embargo, si usted hubiera quitado a Michael

> Vea a cada empleado como una inversión.

Jordan en la flor de su vida de la cancha de baloncesto y lo hubiera llevado a los puestos de venta del estadio, independientemente de cuán buen trabajo hiciera atendiendo los puestos de venta, nunca hubiera valido ni una fracción de su salario para la organización. La mayoría de las organizaciones tienen una declaración de principios. El objetivo de dicha declaración es reflejar las metas y fines de la organización. En muchas ocasiones estas declaraciones las crean personas completamente ajenas a los empleados encargados de cumplir con la misión. Cuando las personas son responsables de una meta con la que no se pueden identificar, usted obtiene un desacople en la organización y en las personas.

Lo ideal sería que cada persona dentro de las metas personales de una organización, en combinación con las metas personales de todas las demás personas, contribuyeran en colectivo a la declaración de principios de la organización. Si las metas de producción de los vendedores y las metas gráficas del equipo de diseño, junto con las metas del grupo de fabricación o servicios para la producción se unieran, deberían verse como el objetivo general de la empresa. Lamentablemente, hay demasiadas organizaciones que ni siquiera han pensado jamás en los empleados como personas y cuáles son las declaraciones de principios que tienen en mente para sus propias vidas y cómo esto pudiera jugar un papel en los objetivos de la organización.

Durante este día, vea a cada empleado como una inversión y decida cómo puede usted hacer que esa inversión sea más valiosa para la organización y para ese empleado.

¡Éste es el día!

L a comunicación clara, precisa y concisa es la clave para el éxito en su vida personal o profesional. Con los años he descubierto que en mi mente todo está claro para mí. Lamentablemente, los problemas surgen cuando olvido que los pensamientos en mi cabeza pudieran estar claros o no para otra persona.

Hace poco pusimos un pequeño teatro en nuestra oficina para poder examinar películas y programas de televisión en los que hemos trabajado y también videos de presentaciones que he hecho en escenarios empresariales y otros eventos. Nuestro equipo planificó mucho lo relacionado con la manera en que íbamos a armar el teatro o cómo lo usaríamos. Para satisfacer las necesidades de decoración y aislamiento de ruidos, necesitábamos una pared completa de cortinas que llegaran del piso al techo. Ya que eso requeriría cortinas de casi diez pies de altura (tres metros y medio), me dijeron que tendríamos que mandarlas a hacer a la medida, ya que las cortinas de diez pies no son estándar.

> La comunicación clara, precisa y concisa es la clave para el éxito en su vida personal o profesional.

Nos recomendaron a una mujer y nos reunimos con ella para hablar del proyecto. Mandamos a comprar una gran cantidad de materiales y cuando el cargamento llegó, le dimos a la mujer de las cortinas los rollos de tela para que pudiera comenzar a trabajar. Varias semanas después, ella instaló las cortinas y luego invitó a nuestro equipo al teatro para que pudiéramos examinar su trabajo. Todo el mundo estaba horrorizado ya que las cortinas tenían un color diferente del material que habíamos comprado. Luego de examinarlas más detenidamente se determinó que ella había hecho las cortinas usando el revés de la tela y no el derecho.

Esto creó una gran agitación. Entonces me di cuenta de que aunque habíamos hablado de las medidas, la fecha de entrega y los costos que implicaba el proyecto, realmente nunca confirmamos qué lado del material se usaría. Supusimos que ya que habíamos comprado el material a partir de una muestra, sería evidente qué el lado de la tela que venía en la muestra era el derecho. La señora de las cortinas, por razones muy suyas, decidió que el otro lado del material era el derecho.

Aunque pudiera no haber un lado correcto o incorrecto, en cuanto al material, había un problema serio. El problema no era qué lado del material usar ni qué se veía mejor. El problema era que no nos habíamos comunicado, así que ambas partes supusieron que un elemento crucial del proyecto estaba claro cuando, evidentemente, no lo estaba. No existen detalles demasiado pequeños como para no aclararlos, y volver a revisar siempre es más rápido y más fácil que reparar el daño y empezar de nuevo.

Durante este día, tome cada oportunidad para comunicarse claramente. En el peor de los casos le considerarán como un profesional detallista. En el mejor de los casos, se ahorrará muchos dolores de cabeza.

¡Éste es el día!

Todos los que hacemos negocios tratamos con una serie de números increíbles. Nuestros contadores nos facilitan datos, cifras y porcentajes que van más allá de la mayoría de nuestra capacidad para entenderlos. Por lo general todo el que hace negocios entiende dos cosas: los ingresos y la ganancia neta. Los ingresos representan todo lo que vendemos, comercializamos e incorporamos a nuestro funcionamiento. La ganancia neta representa lo que queda después de que pagamos todos nuestros gastos a partir de la cifra de los ingresos. Para aumentar nuestra rentabilidad tenemos que hacer una de dos cosas: O aumentar los ingresos o gastar menos antes de llegar a la ganancia neta.

Aunque esto parece ser una ley irrefutable en los negocios, hay algunas raras ocasiones en las que es mejor disminuir los ingresos. Al menos de manera temporal. Si usted analizara todos sus clientes, cuentas o compradores y luego pensara en todos los problemas y crisis que usted ha experimentado durante este año, tal vez determine que prácticamente todos sus dolores de cabeza provienen de uno o dos clientes. A menudo, estos clientes no son tan significativos para sus ingresos y le están costando dinero antes de llegar a su ganancia neta.

> Para aumentar nuestra rentabilidad tenemos que hacer una de dos cosas: O aumentar los ingresos o gastar menos antes de llegar a la ganancia neta.

Todos lidiamos con nuestra competencia y esto es saludable; sin embargo, hay algunos clientes problemáticos que le aconsejo pase a sus competidores. Tal vez sea culpa suya, tal vez sea culpa de su cliente, o quizá sea un número de elementos intangibles inevitables, pero hay ocasiones en las que sencillamente usted no puede complacer a uno o dos clientes. En dichas ocasiones sería mejor que de forma cortés y profesional usted les haga saber que quiere ayudarles a transferir sus negocios a otra persona.

Si su cliente no está feliz, no le aporta ganancias, motivación ni recomendaciones a su empresa. De hecho pudiera estar creando tantos problemas que necesitan arreglarse, que usted está perdiendo dinero y frustrando a todo el mundo en su equipo al tiempo que tiene un cliente insatisfecho que le dice a todo el mundo que el servicio que usted ofrece es malo. Sería mucho mejor soltar a este cliente y llenar su espacio con un nuevo cliente satisfecho y provechoso. Esto es muy difícil de hacer ya que a todos se nos ha adoctrinado en la creencia de que tener clientes es bueno y tener más clientes es todavía mejor.

Durante este día puede que necesite retroceder un paso al soltar un cliente que no da ganancias para poder dar pasos hacia delante al crear nuevas oportunidades con futuros clientes.

¡Éste es el día!

V entas y marketing son dos términos que a menudo se escuchan juntos e incluso se usan de forma intercambiable. Ambos son vitales para el éxito pero son conceptos totalmente diferentes y opuestos en ocasiones. Los términos importar y exportar también se usan juntos, pero como usted sabe, son totalmente opuestos cuando uno considera cualquier transacción.

Ventas, en lo que a esta discusión respecta, es el proceso de contactar a posibles clientes para presentarles sus productos o servicios. Marketing, por otra parte, es el proceso de crear un ambiente en el que sus posibles clientes le llamen con relación a su producto o servicio. Aunque el resultado deseado pudiera ser el mismo, el proceso y las habilidades que se requieren son totalmente diferentes.

Las ventas y el marketing son herramientas igual de eficientes que un martillo y un destornillador, pero difícilmente pueden intercambiarse.

Una de las primeras tareas de un vendedor en cualquier comunicación es demostrar la necesidad del producto o servicio que se ofrece. La persona que vende seguros, por ejemplo, se pondrá en contacto con usted, le informará del riesgo y peligro que usted corre si no tiene seguro. Aunque esto es algo honroso, válido y en ocasiones eficaz, puede ser mucho más deseable cuando el futuro cliente, mediante las campañas de marketing, adquiere consciencia de su necesidad de seguro e inicia la comunicación.

Las ventas y el marketing crean dos dinámicas emocionales totalmente diferentes en la mente del futuro cliente. Considere la diferencia entre estas dos conversaciones telefónicas.

1. Usted está en casa sentado, descansando luego de un arduo día de trabajo, se prepara para disfrutar la cena familiar cuando suena el teléfono. Es un vendedor agresivo que habla muy rápido y le llama para hablarle sobre una oportunidad única para las vacaciones. Su reacción inmediata es una resistencia total y el deseo de colgar el teléfono lo más pronto posible.

2. Usted está relajándose junto con su familia durante la cena luego de un arduo día de trabajo. Surge el tema de las vacaciones de verano y varios miembros de la familia comienzan a discutir animados las ideas que tienen para un viaje. Entonces alguien recuerda un anuncio, un volante o el artículo de una revista y usted toma el teléfono y llama a un centro turístico para obtener la información y hacer la reservación.

En ambos casos usted está hablando por teléfono con el representante de una empresa de vacaciones, sin embargo, la dinámica es totalmente diferente porque una es una imposición y la otra está llenando una necesidad o deseo que usted mismo ha identificado. Esta necesidad o deseo pudiera haber sido creada por una eficiente campaña de marketing, pero de todas maneras ha preparado el camino para el proceso de ventas.

Las ventas y el marketing son herramientas igual de eficientes que un martillo y un destornillador, pero difícilmente pueden intercambiarse.

Durante este día evalúe sus campañas de ventas y marketing. Decida entender las diferencias y hacer bien ambas cosas.

¡Éste es el día!

Existen cuatro estados del conocimiento y el entendimiento en los que usted puede estar.

1. Usted sabe algo y sabe que lo sabe.
2. Usted sabe algo pero no sabe que lo sabe.
3. Usted no sabe algo, pero no sabe que no lo sabe.
4. Usted no sabe algo, pero sabe que no lo sabe.

Todos vivimos parte de nuestras vidas personales o profesionales en cada una de estas etapas en una u otra ocasión. Cada una de estas tiene sus ventajas y desventajas. Si usted sabe algo y sabe que lo sabe, puede actuar con confianza y beneficiarse de la experiencia; sin embargo, es importante no descansar en este conocimiento ya que lo actual siempre cambiará, y el índice del cambio se acelera cada día. Las personas que conocen un programa de computadora y saben que lo conocen, se verán obligadas a actualizar sus conocimientos a medida que se desarrollen nuevas generaciones del programa, o se quedarán atrás.

> Las personas más peligrosas del mundo son aquellas que no saben algo pero no se dan cuenta de que no lo saben.

Todos nosotros de vez en cuando sabemos algo pero no sabemos que lo sabemos. La causa de esto es falta de perspectiva. Probablemente haya una propiedad cerca de donde usted vive por la cual usted ha pasado manejando en innumerables ocasiones. Entonces, de pronto, se vuelve algo extremadamente valioso y se desarrolla de tal manera que los dueños o especuladores de bienes raíces se benefician grandemente. Si usted reconsiderara la situación, se daría cuenta de que había pensado en esta desde una perspectiva diferente. Usted sabía, o al menos debió saber, que el valor de esa propiedad aumentaría. Sencillamente usted no compiló dicho conocimiento de manera tal que reconociera el valor y actuara al respecto.

Las personas más peligrosas del mundo son aquellas que no saben algo pero no se dan cuenta de que no lo saben. Estas son las personas que van por la vida y caen en todas las trampas y chocan con todo obstáculo del camino. Creen que se lo saben todo pero la realidad es que los aprenden de los errores que su ignorancia les lleva a cometer. Son demasiado confiadas y uno simplemente no puede decirles nada. Lo mejor que usted puede hacer por ellos es quedarse atrás y ayudarles a levantarse luego de la inevitable caída.

El mayor potencial lo tienen aquellos que no saben algo pero entienden que no lo saben. Esto es un concepto poderoso ya que ellos entienden que hay algo que no saben y reconocen que necesitan saberlo. Estas personas rara vez cometen errores y siempre están creciendo y desarrollándose. El mundo todavía no les pertenece pero probablemente un día les pertenecerá.

Durante este día actúe en base a las cosas que sabe y desarrolle las que no conoce.

¡Éste es el día!

D esde edad temprana amigos, parientes y aquellos que se interesan en nosotros nos exhortan a que "seamos prudentes", que "tomemos las cosas con calma", y que "tengamos cuidado". Lo que realmente dicen estas amonestaciones es que debemos evitar las situaciones peligrosas y eliminar el riesgo en nuestras vidas. Sin dudas es prudente evitar exponernos a peligros innecesarios; sin embargo, la idea de eliminar el riesgo es contraproducente. El riesgo nos rodea por todas partes. Invade cada aspecto de nuestras vidas personales y profesionales. Existe una suposición falsa de que una opción implica riesgos mientras que la alternativa contraria carece de riesgos.

En el mundo de las inversiones se considera que las inversiones más arriesgadas son los bienes raíces y el mercado de valores, mientras que las cuentas garantizadas por bancos o por el gobierno se consideran como las inversiones más seguras. Aunque las inversiones de los bancos y el gobierno sí garantizan que usted no perderá su dinero, durante los últimos cincuenta años estas han demostrado ser las decisiones más peligrosas y arriesgadas que usted hubiera podido tomar.

> Todo negocio exitoso comenzó a la ventura en un mar de riesgos.

Aunque el mercado de valores y los bienes raíces invariablemente suben y bajan en ocasiones, algo que nos recuerda una montaña rusa, a la larga se han desempeñado bien de manera constante y han dado buenos rendimientos a las inversiones. Por otra parte, durante la mitad de siglo, las inversiones "seguras y conservadoras", garantizadas por los bancos y el gobierno, no han podido ir a la par de la inflación; por lo tanto, inevitablemente han perdido valor.

Los consejeros financieros prudentes le dirán que hay un espacio para todo tipo de inversiones. Yo sin dudas estaría de acuerdo; sin embargo, necesitamos entender que rara vez el riesgo y la seguridad se identifican fácilmente o son totalmente puros.

Conozco personas que tienen miedo a viajar en avión, así que hacen viajes en auto de costa a costa. Lo que temen, evidentemente, es que pudieran ser víctimas de un accidente aéreo si viajan en avión. Aunque esto es posible estadísticamente hablando, el riesgo de morir en un accidente aéreo es insignificante si se compara con el riesgo de morir mientras maneja su propio auto. La realidad es que más personas salen heridas o mueren manejando hacia el aeropuerto que en un avión comercial.

Todo negocio exitoso comenzó a la ventura en un mar de riesgos. Por cada cosa que pudiera salir bien, había un montón de cosas que podían salir mal. Muchas aventuras fracasan, pero unas pocas crecen, prosperan y con el tiempo triunfan. La única manera de garantizar el fracaso en un negocio es no empezarlo nunca. Si usted lanza su sueño, puede que fracase. Si nunca lo empieza, de seguro que va a fracasar.

Durante este día reexamine el riesgo y la seguridad. Nunca corra un riesgo innecesario, pero no vaya a lo seguro cuando esto le garantice el fracaso.

¡Éste es el día!

L as conversaciones son agradables, las discusiones son interesantes, los debates son productivos, pero los pleitos son
destructivos. La diferencia entre los debates y los pleitos
yace en si usted está tratando con el asunto en cuestión o con las
personalidades involucradas.

Ya sea en su vida personal o profesional, inevitablemente se encontrará con una diferencia de opinión. Esto no es malo. De hecho,
si a menudo usted no encuentra una diferencia de opinión, entonces
usted no tiene opinión, las personas que le rodean no tienen opinión
o no sienten la libertad para expresarse a sí mismas. En cualquier
caso, la conversación, las discusiones y los debates son positivos.
Pueden encender la pasión de las personas, su creatividad y poner
sobre el tapete las mejores ideas; sin embar-
go, una vez que se convierte en un pleito, hay
mucho que perder y muy poco que ganar, si
es que se gana algo.

A menudo a los colegas se les coloca en una
posición en la que expresan opiniones diferentes.
Existe una manera correcta y una manera incorrecta de llevar a cabo estos diálogos. A continuación aparecen unas pocas reglas para mantener su conversación en un plano positivo.

> Si a menudo usted
> no encuentra una
> diferencia de opinión,
> entonces usted no
> tiene opinión.

1. Asegúrese de que el momento sea el indicado para un debate.
No secuestre a las personas en el pasillo ni atrape a alguien que va

corriendo a otro compromiso. Asegúrese de que sea el momento adecuado para un debate productivo.

2. Asegúrese de que el escenario sea propicio para una buena conversación. Debe ocurrir en un lugar donde todas las partes relevantes puedan reunirse cómodamente y deben evitarse las interrupciones. Siempre que sea posible, deben excluirse aquellos que no estén involucrados.

3. Todo el mundo debe estar de acuerdo con el asunto que se va a discutir. Siempre que sea posible, debe tratarse sólo un tema a la vez. Todos deben estar de acuerdo en lo que se está decidiendo, cuándo debe tomarse la decisión y qué factores están involucrados para llevar a una solución positiva.

4. Sólo debe hablar una persona a la vez. Las interrupciones son amenazantes y contraproducentes cuando las personas expresan opiniones contrarias. Si es necesario, implemente un "bolígrafo mágico" que se pasa de una persona a otra mientras esta habla. No se permite que nadie hable a menos que tenga el "bolígrafo mágico".

5. Acuerden usar lenguaje adecuado, todos deben ser tratados con respeto y no se aumentará el volumen de la voz. Si alguien quebranta esta regla por descuido, señálelo pausadamente y regresen al tema en cuestión.

6. No sólo averigüe qué creen las personas que se le oponen sino también por qué creen que su posición es mejor. Trate de comprender la posición de ellos para que pueda repetirles sus razones. Esto demostrará respeto y dará claridad.

Recuerde, en un pleito sólo hay perdedores. En un debate o una discusión productiva todos pueden ganar.

Durante este día busque maneras de incluir la sabiduría colectiva de aquellos que le rodean al estimular el debate y evitar los pleitos.

¡Éste es el día!

C ada empeño en nuestras vidas, ya sea personal o profesional, tiene uno o más elementos críticos. El elemento crítico en cualquier cometido es la pieza única del rompecabezas de la que depende todo lo demás.

De manera habitual hay personas que llaman, escriben o pasan por mi oficina para ofrecerme todo tipo de "increíbles" oportunidades para hacer negocios. La mayoría de estas "increíbles" oportunidades de negocios tienen un elemento crítico que se ha eliminado o que se ha pasado por alto. Por ejemplo, alguien pudiera llamar y explicar que, con una pequeña inversión, puedo comprar un gran porcentaje de una operación que implica una gallina con huevos de oro. Estos huevos valen miles de dólares y todos seremos ricos.

Este promotor, vendedor o futuro empresario quiere hablar de todo menos del elemento crítico. Invariablemente explicará cómo han calculado el costo de alimentar a la gallina, cuidar de ella y protegerla, así como todos los detalles implicados en enviar los huevos de oro al mercado. El único elemento crítico que no quieren tratar es muy sencillo: ¿Realmente esta gallina pone huevos de oro?

En la gran mayoría de las aventuras que le propongan si usted identifica y examina el elemento crítico tan pronto como sea posible, se ahorrará mucho tiempo, dinero y dolores de cabeza. Al final de la jornada, siempre se

> Lo único peor que fracasar hoy es fracasar dentro de un año.

dice más de lo que se hace y a la gente no le gusta tratar el elemento crítico porque quieren vivir en un mundo de cuentos de hadas y no en la realidad. Lamentablemente, usted y yo tenemos que vivir nuestras vidas en la realidad. Si otras personas quieren ser delirantes, no hay razón para unirnos a ellas.

Siempre me ha parecido que vivir acorde a los Diez Mandamientos es difícil, pero por alguna razón hace años escribí en uno de mis libros lo que yo denomino "el onceno mandamiento de Stovall", y que dice sencillamente: No te engañarás a ti mismo. O para decirlo de manera más elocuente, citemos al Sr. Shakespeare: "Sé genuino contigo mismo".

Cualquier oportunidad para hacer negocios, inversiones o una empresa de cualquier tipo es sólo tan fuerte como su eslabón más débil. Identifíquelo lo más pronto posible y compruebe si se mantiene en pie y si prueba ser válido para que usted pueda proceder con confianza. Si no, no gaste su tiempo en un cuento de hadas.

Mi equipo en Narrative Television Network trata de emplear un principio al que llamamos "acelerar su punto de fracaso". Lo único peor que fracasar este día es fracasar dentro de un año. Pruebe todo con mucho cuidado, localice y examine el elemento crítico y luego, aprovéchelo o siga adelante.

Durante este día enfóquese en cada elemento crítico de su vida y maximice sus oportunidades.

¡Éste es el día!

Muchos regresamos a casa luego de un largo día de trabajo sintiéndonos cansados y agotados. Si se nos pregunta, responderíamos honestamente que el trabajo arduo ha provocado nuestro cansancio. La verdad es que el trabajo arduo puede ser emocionante mientras que la frustración, las demoras, los conflictos y la improductividad nos agotan y crean cansancio.

Como orador profesional en convenciones y eventos que se realizan en estadios, paso bastante tiempo viajando por aeropuertos alrededor del mundo. A menudo las personas comentan cuán agotadores pueden ser los viajes. El viaje en sí no es tan agotador. Son las demoras, la frustración, las largas filas y la falta de coordinación lo que a menudo da lugar a los viajeros cansados y agotados.

Hay demasiadas personas que confunden la actividad con la productividad. La actividad cansa. La productividad da fuerzas a medida que uno observa el progreso hacia la meta. Sólo porque usted esté ocupado y cansado no significa que necesariamente esté logrando hacer las cosas. El hámster que en la jaula corre furiosamente en la rueca, crea mucha actividad pero ninguna productividad. Está corriendo una gran distancia sin lograr ningún progreso.

> La actividad cansa. La productividad da fuerzas a medida que uno observa el progreso hacia la meta.

Hay varias cosas que usted puede hacer para evitar las cosas que malgastan el tiempo y crean la fatiga en su vida.

1. Tenga una lista diaria de las prioridades que quiere lograr. Ordénales por orden de importancia de manera que si se le acaba el día antes de la lista, usted haya logrado lo máximo con sus esfuerzos.

2. Trate de evitar las trivialidades, las interrupciones, el correo basura y las llamadas no solicitadas. Esto es mucho más difícil de lo que parece ya que hay innumerables personas que quieren que sus prioridades y problemas sean el enfoque de su día.

3. Programe recesos breves durante el día. Dé una caminata, lea una revista o llame a un amigo. Cinco minutos de distracción y recreación pueden marcar una gran diferencia. A veces es mucho más fácil lograr una hora de trabajo en cincuenta y cinco minutos que en una hora completa.

4. Adquiera el hábito de relegar todas las cosas de su lista a uno de estos tres resultados: hágalo, pospóngalo o táchelo. Cuando termine las actividades del día, cada cosa en su lista debe haber sido completada, reprogramada o considerada tan insignificante que no debe realizarse.

Usted es el artículo más importante en su negocio y en su vida personal. Permitimos que las personas malgasten nuestro tiempo, energía y enfoque mientras que no les permitiríamos que robaran nuestro dinero o nuestros recursos.

Durante este día enfóquese en las prioridades y evite las cosas que malgastan el tiempo y producen cansancio.

¡Éste es el día!

E l progreso en un negocio puede definirse como obtener clientes nuevos para sus productos y servicios. Esta actividad implica muchas cosas pero al final de la jornada, así es como medimos el crecimiento. Otras actividades o apoyan este crecimiento o mantienen el comercio que tenemos actualmente. Los clientes satisfechos son la clave para la vida y el éxito.

La gente que hace negocios paga enormes cantidades de dinero y hacen esfuerzos increíbles para obtener listas o bases de datos de posibles clientes. Puede que le sorprenda saber que en estos momentos usted tiene acceso libre y gratis a una de las listas de clientes más asombrosa y menos utilizada del mundo. Si usted va a su computadora o su archivo encontrará un número incalculable de antiguos clientes, clientes que recibieron un mal servicio o clientes que están ampliando sus necesidades.

Estas personas necesitan tener noticias suyas de manera habitual. Hay un viejo chiste vodevil que dice: "¿Cuándo debe uno decirle a su esposa que la ama?" La respuesta es: "Antes de que otro lo haga". Esto también se cumple con sus clientes y antiguos clientes.

> Los clientes satisfechos son la clave para la vida y el éxito.

Sus clientes actuales deben tener noticias suyas habitualmente y usted debe explorar con ellos las siguientes cosas:

1. ¿Qué opinión tienen de sus productos y servicios?

2. ¿Cómo podemos darles un mejor servicio?

3. ¿Qué planes tienen para el futuro que pudieran aumentar el nivel de servicio que usted les brinda?

4. ¿Qué otras empresas o personas conocen ellos que pudieran ser posibles clientes para sus productos o servicios?

Después usted necesita revisar esa temida lista de personas que son antiguos clientes. En la mayoría de los casos usted no podrá recordar por qué dejaron de hacer negocios con usted. Lo irónico es que es probable que sus antiguos clientes tampoco recuerden por qué dejaron de hacer negocios con usted. Necesita ponerse en contacto con ellos y hablar de lo siguiente:

1. Ellos eran clientes valiosos con quienes le gustaría reestablecer una relación.

2. Si alguno de ustedes está consciente de por qué la relación se terminó, resuelvan el problema.

3. Determine cómo ha cambiado el negocio de ellos o cómo se han ampliado sus necesidades desde que usted dejó de hacer negocios con ellos.

4. Pegúnteles que puede hacer para volver a ganar su confianza y fomentar la relación.

Lamentablemente, ya sea que se trate de una relación personal o profesional, con demasiada frecuencia haremos más para obtener la relación que para mantenerla. Recuerde, usted siempre tiene que estar en modo de ventas, mercadeo y servicio con cada persona con quien haga negocios. Si no es así, puede estar seguro de que sus competidores sí lo estarán.

Durante este día valore y amplíe las relaciones con su clientela actual y repare y restaure las antiguas.

¡Éste es el día!

S i usted es como la mayoría de las personas, conoce muy poco o nada sobre Voltaire, aparte de algunos recuerdos vagos de las clases de historia universal en la secundaria o la universidad. Voltaire fue un filósofo francés del siglo dieciocho. Se le conoce por sus ideas profundas y sus consejos prácticos para la vida. Me gustaría pensar que si Voltaire todavía estuviera vivo, tal vez escribiría una columna como esta, pero probablemente me esté enorgulleciendo.

En una subasta reciente en París, el precio más alto que se pagó fue por una carta hecha a mano. Era la carta que Voltaire le escribió a un amigo y colega hace casi trescientos años. Al parecer ambos mantenían correspondencia en cuanto a asuntos de la época, la política y críticas a algunos de sus contemporáneos. Entonces Voltaire escribió una oración que debiera hablarnos a nosotros en la actualidad. De hecho casi valdría la pena comprarla por el millón de dólares que se pagó por la carta en dicha subasta y asegurarse de que cada líder político, empresarial, religioso y social leyera las palabras de Voltaire.

Busque maneras de mejorar el mundo que le rodea.

En medio de la carta a su amigo, Voltaire le dio algunos consejos para la jardinería que pueden mejorar la vida de todos nosotros, tanto a nivel personal como profesional. Voltaire dijo: "Pasa la azada por tu propio jardín".

Existimos en una sociedad, trabajamos en una empresa y vivimos en familias que tienen cierta cantidad de malas hierbas visibles. En conjunto debemos tratar con estas malas hierbas, pero antes de hacerlo, o al menos mientras lo hacemos, es importante que pasemos la azada por nuestro propio jardín. Muy pocos de nosotros podríamos estar a la altura de las críticas que a veces hacemos a otros. Juzgamos a los demás duramente, en términos de blanco o negro pero nos vemos a través de un espejo cubierto de humo y tonos apagados. Entendemos nuestras propias intenciones pero sólo comprendemos las acciones de los demás, por lo tanto, en el tribunal de nuestra propia mente, somos grandes abogados defensores.

Con esto no quiero decir que como ciudadano, empresario o miembros de una familia no debemos sacar a la luz cosas que pueden mejorar al mundo, pero recuerde, todo cambio, desarrollo y mejoría comienza por nosotros mismos. Si prestáramos atención al llamado de Voltaire y pasáramos "la azada por nuestro propio jardín", creo que descubriremos que las malas hierbas son numerosas y significativas, al punto de tener asuntos suficientes para ocupar nuestra atención.

Durante este día busque maneras de mejorar el mundo que le rodea. Comience cada mejoría con el consejo de Voltaire y "pase la azada por su propio jardín."

¡Éste es el día!

L a administración está entre los términos más usados y menos comprendidos de nuestro mundo actual. La administración va desde una microgestión extrema hasta el extremo opuesto del espectro, que es prácticamente ninguna administración.

Al final de la jornada, lo único que realmente podemos administrar es a nosotros mismos. Las actividades a las que llamamos administración, adiestramiento y supervisión no son más que ayudar a otras personas a manejarse a sí mismas y a sus actividades. Debe verse como algo muy similar a los tres osos que se tomaban su sopa. Uno no quiere que la administración sea demasiado caliente porque quema a todo el mundo. Tampoco quiere que sea demasiado fría porque no hay motivación ni unidad. En cambio uno quiere que la administración sea la precisa.

Hace poco leí una biografía de John D. Rockefeller. Al parecer un reportero le preguntó a Rockefeller: "¿Cuánto vale usted?" La respuesta de Rockefeller es bastante contundente con relación a una administración precisa. Rockefeller respondió: "No conozco la cifra exacta y mis contadores me dicen que costaría $10 millones determinarla, así que lo único que puedo decir es que valgo $10 millones más de lo que valdría si pudiera responder a esa pregunta".

> Tenemos la tendencia a mejorar aquellas cosas que medimos.

La mayoría de las organizaciones realizan tareas a un nivel aceptable o incluso a un alto nivel. Lamentablemente con demasiada frecuencia hacen un buen trabajo en la realización de una tarea errónea. Si usted, como yo, cree en la regla de los negocios que dice que tenemos la tendencia a mejorar aquellas cosas que medimos, es muy importante estar seguros de que midamos las cosas correctas y que lo hagamos con precisión.

Comencé mi carrera empresarial como corredor de inversiones, o mejor dicho, como vendedor. Tenía una gerente de ventas que me hacía llenar enormes hojas de llamadas y reportes con relación a cada contacto que yo hacía. Aunque esto pudiera funcionar en algunos contextos, yo estaba tan motivado a establecer mi propio negocio que aquellas tres horas diarias de completar papeles administrativos me resultaban totalmente deprimentes.

Cuando usted controla algo o a alguien administrativamente, corre el riesgo de transmitir el siguiente mensaje: "No confío en usted". Cuando usted deja de administrar o lo hace mal, transmite este mensaje: "Le doy muy poco o ningún valor a lo que usted está haciendo". Si usted quiere conocer la mejor manera de dirigir a las personas, simplemente comience por preguntarles. Esto le dará cierta claridad en el proceso y también permiso para comenzar a supervisar. Deje de pensar en mangonear a las personas, y comience a pensar más bien en ayudar a las personas.

Durante este día encuentre personas y situaciones en las que usted pueda comenzar a ajustar la administración hasta que sea la precisa.

¡Éste es el día!

Todos trabajamos con otras personas. Incluso si usted trabaja sólo desde su casa, depende de contratistas y de proveedores de servicios. Si trabaja en el marco de una oficina, usted interactúa con las personas constantemente. En muchas ocasiones el éxito y el fracaso dependerán de cuán bien trabajamos con aquellos que nos rodean.

Cada uno de nosotros debe comenzar cada día con una lista real de cosas por lograr. Al final de la jornada, cada cosa en la lista debe haberse realizado, transferida a otro día o delegada a otra persona. Es muy posible que la delegación sea la mayor falla en los negocios de la actualidad. Recuerde por favor: Algo delegado no es algo "hecho". Sólo porque usted lo pasó a alguien no quiere decir que la tarea se haya realizado. Es crucial darle seguimiento y terminación. Esto del seguimiento y la terminación pudieran ser chequear con la persona a quien usted le delegó la tarea varios días, semanas o meses después. También pudiera ser al esperar que ellos le den seguimiento con usted, como el último paso en la tarea que usted está delegando, pero de todos modos usted debe anotarlo en su almanaque para esperar dicho seguimiento.

> Cada uno de nosotros debe comenzar cada día con una lista real de cosas por lograr.

Yo trabajo con el equipo de profesionales más competentes que haya conocido jamás. Dicho esto, todas las cosas en nuestra oficina se chequean y se vuelven a chequear de forma sistemática. Si usted está haciendo algo que no tiene la importancia suficiente como para revisarlo o confirmarlo, necesita buscar algo más importante que hacer.

He viajado en avión más de un millón de millas por motivos de trabajo, y en cada avión al que subo hay por lo menos dos personas totalmente calificadas para volar dicha aeronave. De vez en cuando, para ciertos eventos, vuelo en un avión privado. En cada ocasión me aseguro de que haya un piloto y un copiloto calificados. En el avión privado me siento a sólo unos pies detrás de la cabina, así que puedo escuchar todo lo que allí sucede. Es interesante que la mayoría del tiempo los dos pilotos están comunicándose, están verificando uno con el otro. No es porque no confíen en la capacidad del otro, es así porque un error significa vida o muerte. Cualquier cosa que merite la pena hacerla, merita hacerla de la mejor manera y que otra persona calificada la revise.

Durante este día delegue todo lo que pueda, haga todo lo que no pueda, y haga que se lo revisen todo.

¡Éste es el día!

P. T. Barnum será recordado siempre como uno de los empresarios de espectáculos más grandes de todos los tiempos. Era reconocido por sus habilidades de marketing y promoción. Si usted leyera sobre su vida descubriría que la mayoría de las historias sobre Barnum lo presentan como un hombre atrevido y alocado. Tal vez le sorprenda que hace poco, mientras estudiaba la vida de Barnum, leí una cita suya que probablemente sea el mejor consejo que haya escuchado jamás sobre el dinero, el equilibro y la vida en general. Barnum dijo: "El dinero es un amo terrible pero es un siervo excelente".

Nada ocupará el lugar del dinero en las cosas que el dinero hace. El dinero no resolverá ningún problema pero sin dudas curará algunos síntomas. Por otro lado, si usted enumerara las cosas que más atesora, como el amor de su familia, la estima de sus amigos, el tesoro de una buena salud o la libertad de ir tras la vida según sus propias ideas, pronto comprenderá que el dinero no es parte de la ecuación.

Cuando usted analiza las estadísticas nacionales acerca de los activos netos por familia, la cifra es alarmante. Tenemos el mayor índice de deudas contra ingresos que hayamos tenido desde la década de 1930. La diferencia entre ahora y aquel entonces es que disfrutamos de una buena economía, baja inflación y alto nivel de empleo, en lugar de sufrir las terribles condi-

> Pronto comprenderá que el dinero no es parte de la ecuación.

ciones de la Gran Depresión. Este día la gente anda en una carrera loca para comprar cosas que no necesitan, con dinero que no tienen, para impresionar a personas a quienes realmente no les interesa.

La salud de la economía mundial o de la economía nacional no importa tanto como la salud de su economía personal. Algunas de las fortunas más grandes se construyeron durante la Depresión y muchas personas han vivido en la pobreza durante tiempos de riqueza y prosperidad. La perspectiva siniestra yace en la pregunta de si la gente apenas tiene la cabeza fuera del agua, ¿qué van a hacer cuando la economía tenga una de sus caídas naturales, porque así es?

A continuación algunas pautas para chequear las finanzas personales.

1. Determine cuántos meses podría sobrevivir financieramente sin incurrir más deudas si todos sus ingresos cesaran hoy. Si no es un mínimo de seis meses, usted necesita establecer más reservas líquidas.

2. Elimine las deudas de crédito como una parte habitual en su ciclo mensual. Si usted no puede pagarlo ahora, probablemente no podrá pagarlo después con intereses.

3. Mire al futuro y comience a planificar, ahorrar e invertir para gastos venideros. La matrícula de la universidad, las reparaciones en el hogar, los problemas de salud y el retiro no deben tomarle por sorpresa.

Durante este día haga del dinero su esclavo y no su amo.

¡Éste es el día!

S i como yo, usted de niño era un fanático de los libros de Tarzán de Edgar Rice Burroughs, o de la serie televisiva Tarzán y de sus películas, quizá esté consciente de un principio muy importante que puede no haber aplicado a su vida y sus negocios. Tarzán tenía una manera única y muy eficiente de transportarse en la jungla. Por supuesto, él se colgaba de una liana a otra hasta la cima de los árboles hasta que llegaba a su destino. Si usted recuerda el proceso, se acordará de que Tarzán nunca soltaba una liana hasta que la próxima estuviera bien agarrada en su mano. Con demasiada frecuencia en nuestras vidas personales o profesionales miramos a la próxima gran decisión o al próximo gran evento pero no miramos a lo próximo que nos aguarda en el futuro, para ver cómo todo encaja para llevarnos de donde estamos adonde queremos estar.

Los grandes jugadores de ajedrez piensan en muchas jugadas por adelantado. Las planifican, anticipan y crean estrategias. Las entrevistas a choferes de camiones experimentados que han manejado más de un millón de millas sin accidentes revelan que los choferes exitosos miran a la distancia y anticipan lo que les espera en el camino.

> El éxito siempre es sencillo pero nunca es fácil. Si usted sabe adónde quiere ir, no es difícil encontrar el camino pero pudiera ser difícil seguirlo.

Para aprender y beneficiarse de la lección de Tarzán, usted primero debe tener bien afianzada en su mente en una imagen clara de adónde quiere llegar. Si no sabe adónde va, cualquier liana o ninguna liana le servirán. Un mapa es una herramienta útil sólo para las personas que tienen una comprensión clara de dos detalles. Primero, saben exactamente dónde están y segundo, saben adónde quieren estar. Si se carece de una compresión clara de alguno de estos puntos, el mapa es totalmente inútil. El éxito siempre es sencillo pero nunca es fácil. Si usted sabe adónde quiere ir, no es difícil encontrar el camino pero pudiera ser difícil seguirlo.

Una de las ventajas que usted y yo tenemos sobre Tarzán es el hecho de que la mayoría de nosotros puede seguir las pisadas de gente exitosa que nos ha precedido. La carretera del éxito es de hecho la menos frecuentada, pero ha sido frecuentada y ofrece un camino marcado para aquellos que quieren dar un paso y luego el otro, mirar a la distancia, planificar, anticipar, soñar y triunfar.

Durante este día recuerde que la decisión correcta sólo puede tomarse a la luz de todo su viaje.

¡Éste es el día!

Esta mañana escuché acerca de un joven excepcional que se graduó este año de la secundaria. Obtuvo una puntuación perfecta en los dos exámenes nacionales de ingreso a la universidad. Cuando le preguntaron cómo lo logró o qué consejo les daría a otros estudiantes, él hizo una declaración breve pero conmovedora. "Presten atención". Aunque pudiera parecer simple, es importante recordar que todas las verdades grandes y duraderas son inevitablemente simples. No fracasamos por no saber lo que hacemos, fracasamos por no hacer lo que sabemos.

La sencilla amonestación a prestar atención es más profunda de lo que usted pudiera imaginar al principio. Todos prestamos atención. Muy a menudo muchos prestamos atención a cosas equivocadas.

Hace varios años fui el orador principal de una gran convención de negocios que se celebró en una isla del Caribe. Después de mi presentación los promotores del evento habían hecho arreglos para que participaran dos famosos magos de Las Vegas. Yo todavía estaba detrás del escenario, luego de mi discurso, y tuve la oportunidad de conocer y conversar con estos magos. Hice la pregunta obvia que muchos de ustedes harían: "¿Cómo hacen para desaparecer a un tigre de cuatrocientas libras frente a los ojos de miles de personas que están

> No fracasamos por no saber lo que hacemos, fracasamos por no hacer lo que sabemos.

en el borde de sus asientos prestando atención?" Uno de los magos se rió y respondió: "Afortunadamente para nosotros, todos están prestando atención a lo correcto en el momento incorrecto y a lo incorrecto en el momento correcto". Los dos magos me aseguraron que si contaran a todos el secreto de su magia antes de la actuación, a nadie en el lugar se le escaparía cómo se hace el acto.

Así que, al luchar por prestar atención, es crucial que prestemos atención a las cosas correctas. Aunque salir engañados de un espectáculo de magia en Las Vegas puede ser maravilloso, quedar engañados por mirar las cosas equivocadas en nuestras vidas personales y profesionales puede ser desastroso.

Hace poco supe de una encuesta realizada a nivel nacional entre alumnos del último año de secundaria. Aunque más del 90 por ciento de estos jóvenes pudo nombrar a tres miembros de la familia Simpson, un programa popular de televisión, menos del diez por ciento pudo nombrar a tres jueces del tribunal supremo. Más de un tercio no supo el nombre de nuestro vicepresidente, por lo tanto, es obvio que estos jóvenes sin dudas están prestando atención. La pregunta que determinará el éxito y el fracaso todavía permanece: ¿A qué están prestando atención?

Durante este día determine qué es importante para usted y préstele atención. Ignore todo lo demás.

¡Éste es el día!

A braham Lincoln le dio al mundo el sentir de que si no se procuraba la honestidad porque sencillamente es lo correcto, debía al menos procurarse como la manera más rápida de triunfar.

No habrá jamás contrato que pueda protegerle totalmente de una persona deshonesta, y no hay disputa o desafío que no pueda superarse entre personas honestas. La honestidad no es simplemente la ausencia de una mentira sino comunicar toda la información a la que las personas tienen derecho y de la que dependen. Lamentablemente, algunos de nuestros líderes han demostrado que uno puede comunicar una mentira al tiempo que, técnicamente, se dice la verdad o al menos sin perjurar legalmente.

Ya sea el presidente Clinton y O. J. Simpson, la falta de una verdad clara y completa le manchará para siempre. El presidente Clinton es un líder respetado a quien se le acreditan muchos logros. Proviene de un pueblo poco conocido en un estado pequeño y puede decirse que se convirtió en el hombre más poderoso del mundo. O. J. Simpson venció muchos desafíos en su vida para convertirse en lo mejor en su profesión como jugador de fútbol americano. Ambos caballeros merecen el respeto por sus logros, sin embargo,

> El objetivo de la comunicación honesta es comunicar la intención y la realidad entre todos los involucrados.

es muy difícil pensar en ellos sin que la mancha de sus fechorías y deshonestidad les siga muy de cerca.

Se necesita toda una vida para edificar una reputación sólida y un momento para dañarla. Lamentablemente, en nuestro mundo contencioso e impulsado por los medios de información, la gente puede ser conocida por una única cosa mala que haga en lugar de una vida entera de buenas obras.

Piense en todas las personas del mundo en quienes usted confía por completo. No me refiero a la gente que no le robará la billetera cuando usted no esté mirando ni que contarán mal el cambio de un billete de diez dólares. Me refiero a las personas que se comunican claramente y que quieren decir lo que dicen así como que dicen lo que quieren decir. Si puede pensar en más de unas pocas personas a quienes usted considera completamente honestas, probablemente no ha puesto una norma lo suficientemente alta cuando piensa en la honestidad.

El objetivo de la comunicación honesta es comunicar la intención y la realidad entre todos los involucrados. Hay demasiadas personas que usan la comunicación como oportunidad para hacer un cuento, vender lo que no es o exagerar la situación como les plazca en lugar de como es realmente.

Cuando usted comunique a alguien un trato, una oferta o una oportunidad, debe ser capaz de decir en su mente: "Si ellos supieran lo que yo sé, estarían tan entusiasmados con esto como lo estoy yo". Si hay que añadir algo más o menos, probablemente no sea un trato positivo basado en completa honestidad.

Durante este día vuelva a comprometerse a ser totalmente claro y honesto en cada situación. Es lo correcto y la mejor manera de triunfar.

¡Éste es el día!

G astamos una cantidad desmesurada de tiempo, esfuerzo, energía y dinero para impresionar a las personas con quienes tenemos contacto. Lamentablemente, la mayoría de estas personas no tienen interés en nosotros y no se impresionan con nuestro auto, ropas y demás accesorios que de algún modo nos parecen imperativos.

A fin de cuentas, la única opinión con respecto a nosotros que realmente importa es la que tengamos de nosotros mismos. Nuestras ideas, ambiciones y expectativas son las que nos definen como personas. Tenemos la capacidad de elaborarlas y cambiarlas con nuestra fuerza de voluntad.

Hace poco un amigo y colega muy estimado me compartió algunos de sus testimonios personales y profesionales. Estas declaraciones son la manera en que él escoge verse a sí mismo. De hecho él ha realizado su propia encuesta de opinión personal y decidió quién es y cómo debe ordenarse su vida. Tengo su permiso para compartir con usted algunas de las declaraciones de su vida.

> La única opinión con respecto a nosotros que realmente importa es la que tengamos de nosotros mismos.

¿Quién soy?

Amo la vida y no doy por sentado ningún día ni oportunidad.

Me he consagrado a levantarme temprano cada día. Lo hago re-animado, lleno de energía, preparado mentalmente para hacer ejercicios y aprovechar el día.

Amo a mi familia. Todo lo que hago gira alrededor de mi compromiso con nuestro bienestar.

Soy un hombre extremadamente afortunado. Mientras más duro trabajo, más afortunado soy. Tengo una energía incesable y nunca dejo de trabajar en pro de las metas que son importantes para mí.

Soy un consejero increíble. Me encanta adiestrar a otros para que saquen el máximo a sus riquezas y a las opciones que la riqueza genera.

Sólo pienso en lo mejor, trabajo sólo con los mejores y sólo espero lo mejor para mí mismo y para aquellos a quienes sirvo.

Soy un socio excepcional en los negocios. Contribuyo y hago concesiones para el mejoramiento de la firma y de nuestro futuro en forma colectiva.

Soy una gran inspiración para mi familia, mis clientes, mis compañeros de trabajo y mis amigos. Me entusiasma tanto el éxito de los demás como el mío propio.

Soy una persona optimista incluso cuando nadie más lo es. Aprendo de los errores del pasado y luego los olvido y sigo adelante con las mejores oportunidades del presente y del futuro.

Soy honesto y moral. Siempre hago lo que sea mejor para los demás.

Soy saludable, físicamente, económicamente y emocionalmente. Constantemente persigo mejorar, crecer y hacer que la vida sea mejor.

Creo en lo que digo. Digo lo que voy a hacer. Hago lo que digo.

Creo en estas afirmaciones porque son un hecho.

¡Ésto es quien soy!

Quiero agradecer a mi amigo y colega por permitirme dar un vistazo a su vida y a quien él decide ser.

Durante este día recuerde que su vida es una elección. Elija sabiamente.

¡Éste es el día!

S i usted hace un viaje largo por una carretera de dos sentidos, usted ve dos grupos de autos. Están los autos de su lado del camino que van en su misma dirección y están los del lado contrario que van en el otro sentido. Si usted para en un lugar de descanso para preguntar por el estado del tiempo o las condiciones de la carretera más adelante, no debe preguntarle a los que van en su misma dirección. En cambio, debe preguntarles a aquellos que viajan en la dirección opuesta porque ya ellos pasaron por el lugar al que usted se dirige.

Esto es fundamental para el éxito en la vida. Hay demasiadas personas que piden la opinión a otros que todavía no han llegado adonde ellos quieren ir. Esto no tiene ningún sentido, pero sucede a diario.

Mi mentor en el negocio de la televisión ha sido Ted Turner. Con el transcurso de los años el señor Turner nos ha dado consejos muy valiosos, y aunque rara vez pedimos su opinión, es muy valiosa para nosotros porque en su industria él ha estado en el lugar adonde todos quieren llegar.

> La gracia de ser mentor se produce cuando enseñamos a otros a enseñar.

Como autor y orador mi mentor es el Dr. Denis Waitley. Él me ha aconsejado muchas veces y me ha evitado gastar mucho tiempo, esfuerzo y energía. La realidad es que él lleva muchos años en el lugar al que yo quiero llegar.

Cuando le pregunté al Dr. Waitley por qué estaba dispuesto a tomar de su valioso tiempo para servirme de mentor me dijo que, hace muchos años, Earl Nightingale fue su mentor y aquello marcó la gran diferencia en su carrera. Luego siguió contándome que en los últimos días de su vida el señor Nightingale le imploró al Dr. Waitley que buscara a alguien a quien pudiera servir de mentor. Soy muy afortunado de que el Dr. Waitley me escogiera a mí.

En los últimos años he tenido el privilegio de servir de mentor a otras personas, a algunas durante un corto tiempo y a otras durante varios años. Al comienzo pensaba que esa sería simplemente mi manera de devolver los muchos beneficios que había recibido del señor Turner y del Dr. Waitley. En cambio he descubierto que es una maravillosa experiencia de aprendizaje para mí.

Esto reafirma muchos de los principios que he aprendido de otros y me hace reconsiderar la manera en que conduzco mi vida y mi negocio.

Cuando aprendemos se nos ha impartido conocimiento. Cuando enseñamos a otros, este se ha transferido. Pero la gracia de ser mentor se produce cuando enseñamos a otros a enseñar. Sólo entonces el conocimiento se convierte en propiedad de todos los que pueden beneficiarse de aprender, enseñar y compartir.

¡Éste es el día!

E s importante entender que el éxito es el éxito y el fracaso es el fracaso en todos y cualquiera de los empeños de la vida. Es fácil quedar atrapado en la idea de que la suerte de otros es mejor que la nuestra. Esta manera de pensar nos dice que: "si cambiara de trabajo, si cambiara de profesión, si me mudara a una ciudad diferente...tendría éxito".

Aunque soy un gran defensor de buscar aquellos por lo que sentimos pasión y sería el primero en decirle que haga un cambio si eso implica buscar su pasión, hay ocasiones en las que la otra alternativa parece más atractiva. Incluso cuando usted está en el rumbo de su vida en busca de su destino, habrá ocasiones en las que lidiará con asuntos frustrantes y situaciones difíciles. En estas ocasiones es importante evitar salirse del camino y desviarse por alguna tangente insignificante e irrelevante.

Aquellas personas que tienen éxito en cada esfera de la vida disfrutan una existencia maravillosa. Aquellos que fracasan sufren una existencia miserable independientemente del rumbo que estén siguiendo. No hay lugar bueno para fracasar ni lugar malo para triunfar.

> Es fácil quedar atrapado en la idea de que la suerte de otros es mejor que la nuestra.

Tengo un conocido que ha cambiado de profesión cada doce o dieciocho meses a lo largo de su vida adulta. No es porque esté buscando su destino final sino que, más bien, está buscando un camino más fácil. Ya sea que se trate del éxito, el dinero o la felicidad, nunca he encontrado ni he hablado con nadie que haya encontrado el camino fácil para obtener todo lo que se quiere en la vida. El éxito no es fácil ni inmediato pero vale la pena trabajar y esperar por él.

Si usted está buscando alcanzar cierta altura en su vida y comienza a escalar la montaña que tiene delante, cuando el camino se vuelva difícil y escabroso, la idea de mirar al otro lado del valle, a lo que parece ser el lado lindo y suave de otra montaña, será tentadora. Aquellos que abandonan su montaña actual, viajan por el valle y comienzan a escalar el lado opuesto, también descubrirán caminos escabrosos y pedregosos en esa montaña. Es irónico, pero cuando miraron hacia atrás, al otro lado del valle, al pico por donde comenzaron a escalar, la subida parecerá suave, fácil y sin trabas.

Decida resistir hasta el final durante los tiempos difíciles y antes de darse cuenta, estará parado en la cima.

¡Éste es el día!

Hace poco durante una conferencia en Hawai tuve el privilegio de visitar Pearl Harbor y el monumento USS Arizona. Es una experiencia conmovedora que le recomendaría a cualquier que tenga la oportunidad de aprovecharla. De vez en cuando es bueno recordar que la libertad tiene un precio muy alto.

Mientras investigaba un poco sobre la Segunda Guerra Mundial y el ataque a Pearl Harbor, me encontré la famosa cita del almirante Isoroku Yamamoto. Después del ataque de Japón a los Estados Unidos el 7 de diciembre de 1941, él dijo: "Temo que lo único que hemos hecho es despertar a un gigante dormido". El ataque sorpresa, aunque fue devastador para nuestra marina, sí despertó al pueblo de los Estados Unidos y nos llenó de una tremenda determinación. A menudo la adversidad o los desafíos en nuestras vidas pueden despertar al gigante dormido que está dentro de nosotros como individuos. He oído decir que cualquier cosa que no nos destruye sirve para hacernos más fuertes.

> Hay un gigante dentro de cada uno de nosotros que, cuando se despierta, puede desempeñarse a un nivel que todavía no hemos imaginado siquiera.

Hay muchas lecciones que pueden sacarse de la experiencia de Pearl Harbor. Me impresionó mucho el hecho de que muchos de los que recorrían el monumento el mismo día en que yo lo hice eran ciudadanos japoneses.

Ya no queda hostilidad, sólo la inutilidad de la guerra y las lecciones que hay que aprender.

Creo que hay un gigante dentro de cada uno de nosotros que, cuando se despierta, puede desempeñarse a un nivel que todavía no hemos imaginado siquiera. Piense en qué punto usted se encuentra en la vida y en su profesión. Pregúntese que podría hacer si se le obligara y luego pregúntese por qué usted no está desempeñándose a ese nivel ahora mismo.

Podría decirse que, si los Estados Unidos se hubieran desempeñado antes del ataque a Pearl Harbor como lo hicimos después del ataque, es posible que la guerra se pudiera haber evitado por completo. Una de las lecciones de Pearl Harbor es que el esfuerzo que hace antes de una crisis es mucho más valioso que el que se hace después de la crisis.

Piense en el gigante que está dentro de usted y despiértelo usted mismo. No espere a que ocurra un desastre para desempeñarse lo mejor posible.

¡Éste es el día!

Más que ninguna otra cosa, las expectativas no cumplidas son la causa de los conflictos profesionales y personales. Los conflictos, las discusiones y los desacuerdos existen, sin embargo, la mayoría de estos pueden vencerse si aprendemos a manejar nuestras expectativas y las de los demás.

Ciudad Expectación es el lugar al que vamos mentalmente cuando estamos planificando y organizando las vidas de otras personas. Es maravilloso tener expectativas para nosotros mismos, pero cuando las ponemos sobre otros, estamos pisando terreno peligroso. La única manera de evitar el experimentar una visa muy desagradable a Ciudad Expectación es desviarse un poco por el país de la comunicación.

Cuando ponemos nuestras expectativas en otras personas, ya sea que nos demos cuenta o no, hemos establecido una situación del tipo blanco y negro, bien o mal. Las personas no sólo tienen que realizar determinada tarea sino que, en nuestra mente, tienen que hacerla en la manera en que lo hemos visualizado durante nuestro viaje a Ciudad Expectación. Si realmente vamos a establecer este tipo de límites rígidos para otras personas, lo menos que podemos hacer es informales dónde están ubicados dichos límites. Esto se logra cuando damos un paseo por el país de la comunicación.

> Las expectativas no cumplidas son la causa de los conflictos profesionales y personales.

¿Alguna vez ha planificado usted un viaje con otra persona y se ha dado cuenta al comienzo de la planificación, o durante el viaje en sí, que sencillamente ustedes dos no están "en la misma onda"? Esto no necesariamente hace que la otra persona tenga la razón o esté equivocada, sencillamente hace que sus planes difieran de las expectativas que usted tiene. Si usted planificó un viaje y sabe que su vuelo sale a una hora determinada, tal vez usted comunicó la hora de salida a su acompañante; sin embargo, en su mente, usted puede haber pasado un rato en Ciudad Expectación creando límites. Estos límites podrían decir: "Si el vuelo es a las ocho de la mañana, tenemos que estar en el aeropuerto a las 6; por lo tanto, tenemos que salir a las cinco y media". Esto es muy claro en su mente, porque en Ciudad Expectación todo está limpio y ordenado, pero si usted y su acompañante no pasaron ningún tiempo en el país de la comunicación, este pudiera pensar: "Si el vuelo es a las ocho, podemos salir para el aeropuerto a las seis y media".

Cualquier horario pudiera funcionar muy bien; sin embargo, usted estará frustrado y desilusionado porque su compañero de viaje llegó "tarde". Debido a que no comunicó sus expectativas, usted pudiera pensar que su compañero de viaje es descortés, insensible y que casi siempre llega tarde. Él, al percibir su frustración, se preguntará por qué usted tiene una mala actitud y cuál será el problema. Este día, trate de eliminar las expectativas que tiene con respecto a otros y comprométase a comunicarlas.

¡Éste es el día!

L a meta de ser todo para todos, todo el tiempo, no es más que un mito escurridizo. La afirmación: "Uno no puede complacer a todo el mundo, todo el tiempo", es verdad. Todos hemos escuchado las promesas de las campañas en cuanto a que podemos bajar los impuestos, aumentar los gastos, parar las guerras y tener paz en la tierra y buena voluntad para con los hombres. Descontamos dichas afirmaciones cuando las hacen los políticos en un momento de exaltación durante una campaña, pero necesitamos aprender que tratar de complacer a todo el mundo en nuestras vidas dará como resultado no complacer a nadie, y más que nada, a nosotros mismos.

La única opinión que realmente cuenta es la que tenemos de nosotros mismos. Pasamos demasiado tiempo tratando de impresionar a la gente que nos rodea y demasiado poco tratando de satisfacer nuestros sueños y deseos.

En los viajes que hago para dar conferencias empresariales a menudo tengo la oportunidad de reunirme individualmente con ejecutivos y vendedores. Me asombra cuántas personas comprometen muy a menudo su tiempo, esfuerzos y energía para alcanzar las metas de otros. Ya sea que se trata de bajar de peso, encontrar el éxito financiero o tener logros personales, debemos adueñarnos de

> La única opinión que realmente cuenta es la que tenemos de nosotros mismos.

los objetivos si es que vamos a triunfar. Sólo porque alguien piense que usted debe cambiar su vida no significa necesariamente que eso sea una meta que usted debe ponerse. Las metas son lo suficientemente difíciles cuando nos las ponemos nosotros mismos. Son imposibles de lograr cuando pertenecen a otra persona.

Todos hemos visto a vendedores promedio que se convierten en triunfadores superiores, aparentemente del día a la noche. La mayoría de las veces este cambio se produce cuando ellos interiorizan una meta y se adueñan de ella. Cuando esos vendedores deciden que las cuotas de sus jefes son algo que ellos desean alcanzar, estas se hacen reales y alcanzables. Concéntrese en sus propias metas y objetivos, no en las que sus amigos, familiares o la sociedad tratan de imponerle.

Sólo ganar no es suficiente. Para tener satisfacción a largo plazo usted debe ganar el juego correcto. Este día comprométase a examinar realmente las metas y objetivos que usted persigue en cada esfera de su vida. Asegúrese de que sean suyos.

¡Éste es el día!

S i usted hiciera una lista de todas las cosas que sabe, que usted cree y está dispuesto a actuar consecuentemente, es muy probable que el conocimiento haya partido de una experiencia. Por supuesto, no todas las experiencias producen el conocimiento correspondiente. Usted ha conocido personas que repiten la misma experiencia negativa una y otra vez pero, de alguna manera, no aprenden la lección respectiva que les permitiría evitar experiencias negativas en el futuro. La gente ignorante saldrá a la lluvia vez, tras vez, tras vez, quejándose porque se mojan.

Por otra parte, hay ciertas personas bien informadas o muy desarrolladas que aprenden una lección a partir de la experiencia de otra persona. Estas personas muestran una cualidad a la que llamaríamos sabiduría. No tiene que sufrir una dificultad para beneficiarse de una experiencia de aprendizaje. Las personas conocedoras salen a la lluvia una o dos veces y luego aprenden a chequear primero y luego llevar un paraguas cuando sea adecuado. Las personas sabias observan a otros y deciden que necesitan prepararse para la lluvia sin tener que mojarse.

Si de hecho nosotros sabemos lo que sabemos mediante las experiencias, ya sean las nuestras o las de otros, necesitamos preguntarnos constantemente: ¿Qué experiencias

> Las personas sabias observan a otros.

hemos tenido o estamos teniendo de las que necesitemos aprender? ¿Qué podemos aprender al observar los errores de otros? La vida seguirá trayendo lluvia sobre usted a menos que aprenda la lección adecuada. Hay muchas experiencias sutiles más, tanto buenas como malas, que pueden dar como resultado lecciones fabulosas. Debemos buscarlas de continuo.

Cada vez que algo bueno suceda pregúntese: ¿Qué puedo hacer para repetirlo? Cada vez que algo malo suceda pregúntese: ¿Cómo puedo evitarlo en el futuro? Cuando usted vea que la gente a su alrededor triunfa de una manera que le resulta significativa, pregúntese: ¿Cómo puedo imitar este tipo de éxito? Cuando vea a personas a su alrededor sufriendo como resultado de sus propias malas decisiones, pregúntese: ¿Cómo puedo aprender esa lección sin pasar por ese desafío? Al hacerlo podemos pasar de la ignorancia al conocimiento, y esperemos que de ahí, a la sabiduría.

¡Éste es el día!

L a ciencia sigue demostrando que el estrés es la causa de muchas enfermedades, mucho dolor y mucho sufrimiento. Nuestras vidas aceleradas y la incertidumbre que nos rodea en nuestras vidas personales y profesionales crean un alto nivel de estrés en todo el mundo, pero yo creo que existe un estrés adicional que le roba las personas el poder encontrar la felicidad y alcanzar su potencial. A esto le llamaremos el estrés autoinducido.

El estrés no proviene del trabajo arduo sino más bien de la frustración de un potencial insatisfecho y de un tiempo o esfuerzo no productivos. Mi negocio requiere que yo viaje un poco en aerolíneas comerciales. Desde la tragedia del 11 de septiembre esto se ha vuelto mucho más difícil, por supuesto, y para muchas personas, mucho más estresante. En mi último viaje tuve que tomar un avión en mi ciudad, Tulsa, Oklahoma, y hacer un cambio en Dallas para tomar un avión a New Orleans para hablar en un evento que se realizaría en un estadio.

Para muchos oradores un viaje así es muy estresante. Uno tiene la obligación, por un contrato, de estar en cierto lugar, a una hora determinada, con una gran recompensa financiera o una gran penalidad colgando de la balanza. Muchos oradores o estrellas tienen historias de horror relacionadas con el tiempo que pasan en la carretera. Para evitar tan-

> El estrés es la causa de muchas enfermedades, mucho dolor y mucho sufrimiento.

to estrés como sea posible, nosotros hemos asumido una política de reservar los vuelos con mucho tiempo de antelación con respecto a la fecha límite, con varios vuelos de refuerzo en caso de que haya problemas mecánicos o meteorológicos. Me he sentado en aviones rodeado de personas con mucho nivel de estrés simplemente porque no planificaron con antelación. Sin dudas que no soy mejor que estas personas. Sencillamente he aprendido de mis propios errores.

Durante este día preste especial atención a los momentos en que se siente estresado. Hágase las preguntas siguientes: ¿Qué está provocando este estrés? ¿Es válida esta sensación de estrés? ¿Existe algo que yo pudiera haber hecho para evitar esta situación tan estresante? Verá que usted será mucho más feliz, más productivo y estará mucho menos estresado.

¡Éste es el día!

E l dinero es probablemente el artículo de consumo más malentendido en la historia de la humanidad. Aunque no es la cosa más importante en la vida, nada puede ocupar el lugar del dinero en las cosas que el dinero hace. Si vamos a entender el dinero y usarlo adecuadamente, debemos disipar los mitos tan viejos y profundamente arraigados acerca del dinero:

1. El dinero te hará feliz. Lo único que uno tiene que hacer para demostrar que esto es falso es ver las noticias sobre el mundo del entretenimiento y ver cómo el dolor, el divorcio y el suicidio juegan un papel en las vidas de los ricos y famosos. Ciertamente el dinero no le hará feliz, pero la pobreza tampoco. Es importante tener sólo el dinero suficiente como para alcanzar todas las metas y sueños que tenemos.

2. Algunas personas tienen suerte cuando se trata del dinero. Sólo aquellos que trabajan en una imprenta de monedas y billetes "hacen" dinero. Los demás ganamos dinero. El dinero se gana mediante el trabajo o a través del dinero que brinda más dinero. Incluso si usted oye de alguien que ha recibido dinero, recuerde siempre que alguien se ganó ese dinero o que fue el resultado de una inversión.

> Nada puede ocupar el lugar del dinero en las cosas que el dinero hace.

Si usted quiere tener más dinero, aprenda cómo crear más valor en las vidas de los demás y el dinero vendrá sólo.

3. El dinero es malo. El dinero es completamente neutral. No es ni bueno ni malo. Como una pistola, un cuchillo o cualquier otra herramienta, puede usarse para cualquier fin. Las atrocidades más horribles y las bendiciones más maravillosas que se hayan visto jamás han sido facilitadas por el dinero.

4. La gente promedio no puede salir adelante. En la actualidad surgen más millonarios que nunca antes. No nacen multimillonarios. Simplemente encuentran una manera de crear suficiente valor en las vidas de otras personas de manera que ellos sean recompensados financieramente. El interés compuesto debiera conocerse a nivel mundial como la Octava maravilla del mundo. La mayoría de las personas entienden lo de cambiar su tiempo y su esfuerzo por dinero. Lo que entienden los millonarios es que el dinero engendrará más dinero si se ahorra y se invierte sabiamente. Nunca nadie logró la independencia financiera con dinero prestado. Usted tiene que estar en el lado positivo de la ola del interés compuesto.

Examine sus metas financieras y los medios que está usando para alcanzarlas. Saque todo tipo de emoción del juego del dinero y úselo como una herramienta. Recuerde siempre amar a las personas y usar el dinero. Si lo hace al revés, estará destinado a fracasar independientemente de cuánto usted tenga.

¡Éste es el día!

Qué tienen en común Benjamin Franklin, Adolf Hitler, Winston Churchill, Thomas Edison, William Shakespeare, Osama bin Laden y cualquier otra figura histórica o famosa de quien usted haya oído? Cada persona famosa o infame que haya tenido preeminencia histórica se conoce por resolver problemas o por crearlos.

Cuando usted piensa en las personas que conoce en sus círculos personales o profesionales, probablemente piense en ellas en cuanto a si resuelven o crean problemas. Todo empeño humano depende de la sencilla tarea de resolver o crear problemas. Las grandes ideas no son ni más ni menos que soluciones a problemas. Mientras más grande el problema, más grande la idea que lo resuelve.

Los grandes negocios no son más que la solución a los problemas de las personas. Las empresas exitosas siguen creciendo y desarrollándose en base a cuán bien resuelven los problemas y en qué medida lo hacen. Los ingresos se basan en la medida del problema que usted resuelva y cuán bien lo haga.

> Los grandes negocios no son más que la solución a los problemas de las personas.

Un recolector de basura resuelve un gran problema. Si no lo cree así, sólo deje que no pasen por su casa durante unas semanas, y el problema se hará evidente de inmediato. Los neurocirujanos resuelven un problema muy diferente. Usted puede aprender a ser recolector de basura en unas pocas semanas, pero para ser neurocirujano tiene que invertir muchos años. El problema que un neurocirujano resuelve es, literalmente, de vida o muerte; por lo tanto, un buen neurocirujano ganará muchas veces más los ingresos de un recolector de basura. Desde niños se nos entrena para evitar los problemas. También se nos entrena a honrar y respetar a las personas que con el paso de los años han resuelto problemas. Estas dos ideas son antagónicas. Para tener éxito, no podemos evitar los problemas.

Tenemos que ponernos a la vanguardia, encontrar los problemas y resolverlos, no sólo para nosotros mismos sino para todos los demás.

Recuerde: Sus amigos, su familia y la historia misma no le recordarán por los problemas que usted evitó. Lo recordarán por los problemas que usted creó o por los que resolvió, haciendo del mundo un mejor lugar.

Durante este día vea los problemas no como un obstáculo a evitar sino como una oportunidad para perseguir y cultivar. Usted mejorará su vida y las vidas de muchas personas a su alrededor.

¡Éste es el día!

E s difícil encender el televisor o el radio sin ser confrontado por algún supuesto experto que le dice cómo tener éxito en su vida personal o profesional. Prácticamente cada periódico, revista o publicación, incluyendo la que usted está leyendo ahora, contiene "consejos para esto" o pasos para hacer aquellos. Soy un gran defensor de pedir consejo a gente exitosa en cuanto a cómo triunfar. El desafío es determinar quién es verdaderamente exitoso y quién está tratando de lograr el éxito al venderle sus consejos.

Cuando busque consejo personal o profesional en cuanto al éxito no olvide buscar algún buen consejo en cuanto al fracaso. En toda situación, y en cada persona que conocemos, podemos identificar cosas que queremos y cosas que no queremos en nuestras vidas. A menudo aprender por qué las personas han fracasado puede ser tan instructivo como un consejo en cuanto al éxito. Yo creo que el éxito, la felicidad y la prosperidad son el orden natural de las cosas. Lo que necesitamos hacer para disfrutar las cosas buenas en la vida es quitar y eliminar el fracaso.

> Cuando busque consejo personal o profesional en cuanto al éxito no olvide buscar algún buen consejo en cuanto al fracaso.

Es como dijo Miguel Ángel cuando le preguntaron como podía hacer una obra de arte con un pedazo de mármol. Él contestó que lo único que necesitaba hacer era quitar el mármol que no era arte y lo que quede debe ser una obra de arte.

Tengo un amigo muy particular que hace poco perdió más de mil millones de dólares. Hemos tenido varias conversaciones que me han enseñado mucho. Primero pude aprender cómo mi amigo logró mil millones y segundo, pude aprender cómo perdió una fortuna increíble. Cuando uno lo considera, mi amigo tiene más para enseñar que el millonario promedio con quien usted pudiera encontrarse. El millonario promedio pudiera saber cómo crear riqueza, pero puede no haber aprendido cómo evitar perderla.

Lo único que necesitamos hacer para tener una gran idea es ir por la vida día a día y esperar a que algo malo suceda. Luego hacer la pregunta: "¿Cómo pudiera haberlo evitado?" La respuesta a la pregunta será, invariablemente, una idea maravillosa y creativa. Lo único que necesitamos hacer para crear una gran oportunidad o un gran negocio es preguntarnos: "¿Cómo puedo ayudar a otras personas a evitar sus problemas?" La respuesta a esta pregunta dará como resultado una empresa grande y fructuosa.

Durante este día aprenda lecciones del éxito, pero no pase por alto el conocimiento mágico que se gana con el fracaso.

¡Éste es el día!

ÍNDICE DE TEMAS